REALIEN ZUR LITERATUR
ABT. D:
LITERATURGESCHICHTE

Herrn Hauptmann 6'82

GERHARD STEINER

Georg Forster

MCMLXXVII
J. B. METZLERSCHE VERLAGSBUCHHANDLUNG
STUTTGART

CIP-Kurztitelaufnahme der Deutschen Bibliothek

Steiner, Gerhard
Georg Forster. – Stuttgart: Metzler, 1977.
(Sammlung Metzler; M 156: Abt. D, Literaturgeschichte)
ISBN 3-476-10156-8

ISBN 3 476 10156 8

M 156

 Satz und Druck: Gulde-Druck, Tübingen
Printed in Germany

Inhalt

Abkürzungen

a) für Quellenwerke

AA	Akademieausgabe (s. Ib, aa)
B	Johann Georg Forsters Briefwechsel (s. Ia, bb)
GA	Gervinusausgabe (s. Ia, cc)
KS	Kleine Schriften (s. Ia, aa)
W 4	Werke in 4 Bänden (s. Ib, bb)
Scheel,M.R.	Scheel, Die Mainzer Republik 1 (s. Lit. zu II, 7)

b) allgemeine Abkürzungen

Anf.	Anführung
Ausg.	Ausgabe
bearb.	bearbeitet
Beitr.	Beiträge
Bl.	Blatt
Diss.	Dissertation
dt.	deutsch
ebd.	ebenda
erl.	erläutert
F.	Folge
Gesch.	Geschichte
H.	Heft
h. k.	historisch-kritisch
Jb.	Jahrbuch
Kap.	Kapitel
Kte.	Karte
N. F.	Neue Folge
philos.	philosophisch
Schr.	Schrift
Slg.	Sammlung
St.	Stück
T.	Teil
Taf.	Tafel
Verz.	Verzeichnis
Wiss.	Wissenschaft(en)
Zs.	Zeitschrift

I. Materialien

1. Georg Forsters Schriften

a) Ausgaben vom Ende des 18. bis zum Anfang des 20. Jahrhunderts

Die erste Sammlung Forsterscher Schriften initiierte der Autor selbst. Es kam aber nur der 1. Band mit fünf seiner bis 1788 veröffentlichten Aufsätze zustande, die von Forster »mit Sorgfalt und Strenge verbessert« waren. Der Band erschien Ostern 1789 und wurde von Forster selbst in den »Göttingischen Anzeigen« vom 7. Sept. 1789 angezeigt. Nach Forsters Tod setzte Ludwig Ferdinand Huber* die Ausgabe fort. Eine Neuauflage erschien nur vom 1. Teil (Berlin: Voß 1803).

aa) Kleine Schriften. Ein Beytrag zur Völker- und Länderkunde, Naturgeschichte und Philosophie des Lebens. T. 1 gesammlet von Georg Forster. Leipzig: Kummer 1789. 6 Bl., 464 S. Mit 2 Falttaf. T. 2–6, von Georg Forster [hrsg. von Ludwig Ferdinand Huber]. Berlin: Voß 1794–1797. 3. Bl., 380 S.; 3 Bl., 378 S.; 4 Bl. 407 S.; 4 Bl. 435 S.; 4 Bl., 418 S. Mit 18 Taf.

Die erste Sammlung der Forsterschen Briefe und einiger Gegenbriefe veröffentlichte Forsters und nunmehr auch Hubers Witwe. Über den Charakter dieser Zusammenstellung siehe Kapitel V, S. 111 f.

bb) Johann Georg Forster's Briefwechsel. Nebst einigen Nachrichten von seinem Leben. Hrsg. von Th[erese] H[uber], geb. H[eyne]. T. 1. 2. Leipzig: Brockhaus 1829. XXII. 873; XII, 830 S.

Die erste und lange Zeit einzige umfassende Zusammenstellung der Schriften und Briefe Forsters gaben Forsters Tochter *Therese* und Georg Gottfried *Gervinus* heraus. Näheres siehe Kapitel V, S. 112 f.

cc) Georg Forster's sämmtliche Schriften. Hrsg. von dessen Tochter [Therese Forster] und begleitet mit einer Charakteristik Forster's von G[eorg] G[ottfried] Gervinus. Bd. 1–9. Leipzig: Brockhaus 1843.

Bd. 1/2: Reise um die Welt. X, 466; VI, 456 S.

Bd. 3: Ansichten vom Niederrhein. VI, 514 S.

Bd. 4/6: Kleine Schriften. VI, 406 S.; VI, 400 S.; 3 Bl., 458 S. Mit 18 Taf.

Bd. 7: Johann Georg Forster. Von G. G. Gervinus. Briefwechsel. VIII, 404 S.

Bd. 8: Briefwechsel. IX, 336 S.

Bd. 9: Briefwechsel. Sakontala. VI, 366 S.

---

* Die Lebensdaten bringt das Personenregister.

Wichtige »Nachträge zu Forster's Schriften«, nämlich z. Z. der Mainzer Republik entstandene Arbeiten, lieferte 20 Jahre später Karl *Klein* (s. Kap. V, S. 118):

dd) Georg Forster in Mainz 1788 bis 1793. Nebst Nachträgen zu seinen Werken. Gotha 1863. VIII, 488 S.

Zahlreiche Briefausgaben und Biographien des 19. Jhs. veröffentlichten einzelne Briefe von und an Forster mit unterschiedlicher Akribie. Größere Sammlungen wie die mit den Briefen Forsters an Sömmerring von Rudolph *Wagner* (S. Th. Sömmerring: Vom Baue des menschlichen Körpers, Bd. 1. Abt. 1, Leipzig 1844), Hermann *Hettner* (G. Forster's Briefwechsel mit S. Th. Sömmerring, Braunschweig 1877) und Hermann *Kopp* (Die Alchemie in älterer und neuerer Zeit, 2 Bde. Heidelberg 1886) konnten editorisch nicht befriedigen.

Vom Ende des 19. Jhs. in das 20. Jh. hineinragende Bemühungen verdienstvoller Forsterforscher um brauchbare Forstertexte führten nur zu Teilerfolgen. Der Jenaer Germanist Albert *Leitzmann* veröffentlichte in wiss. Zsn. u. a. eine große Zahl bisher ungedruckter Briefe Forsters, dazu »Briefe und Tagebücher Georg Forsters von seiner Reise am Niederrhein [...] 1790« (Halle 1893) und »Ausgewählte kleine Schriften von Georg Forster« (Stuttgart 1894, Dt. Literaturdenkmale des 18. u. 19. Jhs. 46–47). Aber die in Zusammenarbeit mit dem Prager Germanisten Paul *Zincke* geplante Ausgabe der sämtlichen Briefe konnte nicht realisiert werden. Allein »Georg Forsters Tagebücher«, brachten beide heraus (Berlin 1914). Seine kritische Sichtung der Briefe Forsters führte allerdings zu zwei beachtenswerten Veröffentlichungen, den zwei Bänden »Georg Forster nach seinen Originalbriefen« (1. Textkritischer T., 2. Biographisch-historischer T. Georg Forsters Ehetragödie, Dortmund 1915) und »Georg Forsters Briefe an Christian Friedrich Voß« (Dortmund 1915).

b) Die historisch-kritische Gesamtausgabe

Einerseits war die Quellensituation zu Forsters Werk sehr unbefriedigend, die 110 Jahre alte »Gervinus-Ausgabe« war unvollständig und überholt, die ergänzenden Veröffentlichungen konnten nur zu einem sehr kleinen Teil als textkritisch angesehen werden. Andererseits begannen in der Deutschen Demokratischen Republik die Bemühungen, dem hervorragenden bürgerlich-demokratischen Revolutionär die ihm gebührende Anerkennung zu zollen. Nachdem Gerhard Steiner und Manfred Häckel 1952 in der Reihe »Lesebücher für unsere Zeit« einen Forsterband herausgebracht hatten (s. Kap.

V, S. 122), beschloß die Akademie der Wissenschaften der DDR 1953, als Grundlage für eine wissenschaftliche Behandlung Georg Forsters eine zuverlässige Gesamtausgabe von dessen sämtlichen Schriften, Tagebüchern und Briefen erarbeiten zu lassen und herauszugeben, und beauftragte Steiner am 15. August 1953 mit der Planung und den sammelnden und editorischen Arbeiten. Die 1954 mit zwei weiteren Mitarbeitern etablierte, später mit 4 Wissenschaftlern besetzte Arbeitsstelle »Forsterausgabe« - heute innerhalb des Zentralinstituts für Literaturgeschichte - leitete bis 1970 Gerhard *Steiner*, von da an wird sie von Horst *Fiedler* geleitet. Diese historisch-kritische Ausgabe ist auf 18 Bände berechnet; 8 Bände sind bisher erschienen, die restlichen erscheinen laufend. Jeder Band ist bebildert und enthält Einführungen (vor allem zur Entstehung), einen kritischen Apparat (Überlieferung und Textgestaltung), reichhaltige Anmerkungen und ein Personenregister, nach Maßgabe des Textes weitere Register und Anhänge. Die Einführungen zu den einzelnen Bänden sind jeweils zusätzlich zu der in den einzelnen Abschnitten von Kapitel II angeführten Sekundärliteratur zu berücksichtigen.

aa) Georg Forsters Werke. Sämtliche Schriften, Tagebücher, Briefe. Hrsg. von der Deutschen Akademie der Wissenschaften zu Berlin, Institut für deutsche Sprache und Literatur, (Bd. 1: durch Gerhard Steiner). Berlin. Akademie-Verl. 1958 ff.

Bd. 1. A Voyage round the World. Bearb. von Robert L. *Kahn.* 1968. 711 S. Mit 4 Taf. u. 1 Textabb.

Bd. 2. Reise um die Welt. 1. T. Bearb. von Gerhard *Steiner.* 1965. 464 S. Mit 8 Taf.

Bd. 3. Reise um die Welt. 2. T. Bearb. von Gerhard *Steiner.* 1966. 455 S. Mit 4 Taf. u. 1 Faltktl.

Bd. 4. Streitschriften und Fragmente zur Weltreise. Erläuterungen und Register zu Bd. I - IV. Bearb. von Robert L. *Kahn,* Gerhard *Steiner,* in Zusammenarbeit mit Horst *Fiedler,* Klaus Georg *Popp,* Siegfried *Scheibe.* 1970. 516 S. Mit 6 Taf. u. 3 Textabb.

Bd. 7. Kleine Schriften zu Kunst und Literatur. Sakontala. Bearb. von Gerhard *Steiner.* 1963. 3 Bl., 639 S., 1 Bl. Mit 6 Taf.

Bd. 8. Kleine Schriften zur Kunst und Literatur. Bearb. von Siegfried *Scheibe.* 1974. 552 S. Mit 20 Taf.

Bd. 9. Ansichten vom Niederrhein, von Brabant, Flandern, Holland, England und Frankreich im April, Mai und Junius 1790. Bearb. von Gerhard *Steiner.* 1958. XI, 452 S. Mit 8 Taf. u. 1 Faltkte.

Bd. 12. Tagebücher. Bearb. von Brigitte *Leuschner.* 1973. 500 S. mit 6 Taf., 1 Kartenskizze und mehreren Textabb.

Auf der Grundlage dieser Ausgabe wurde für einen weiteren Leserkreis eine Dünndruck-Leseausgabe geschaffen:

bb) Georg Forster: Werke in vier Bänden. Hrsg. von Gerhard *Steiner*. Bd. 1-4 Frankfurt a. M.: Insel Verlag 1967-1971, Leipzig: Insel-Verlag Anton Kippenberg 1971.

Bd. 1: Reise um die Welt. Anmerkungen. G. Steiner: Georg Forsters »Reise um die Welt«. 1043 S., 1 Bl. Mit 7 Taf.

Bd. 2: Kleine Schriften zur Naturgeschichte, Länder- und Völkerkunde. Ansichten vom Niederrhein. Anmerkungen. G. Steiner: Naturerkenntnis und praktische Humanität. 952 S., 2 Bl. Mit 5 Taf. u. 1 Textabb.

Bd. 3: Kleine Schriften zu Kunst, Literatur, Philosophie, Geschichte und Politik. Anmerkungen, Personenverz. G. Steiner: Der Weg zum Revolutionär. 915 S. Mit 17 Taf. u. 1 Textabb.

Bd. 4: Briefe. Anmerkungen. Verz. der Briefe. Personenverz. G. Steiner: Georg Forster und das Schreiben - nicht nur von Briefen. 1110 S., 1 Bl. Mit 13 Taf.

Aus der Tätigkeit der Arbeitsstelle »Forsterausgabe« bei der Akademie der Wissenschaften der DDR wuchsen zwei Hilfsmittel der Forsterforschung heraus, die in den folgenden Abschnitten angeführt werden.

2. Die Nachlaß- und Handschriftensituation

Der Forstersche Nachlaß, der aus gedruckten und ungedruckten Arbeiten, Entwürfen und Notizen, aus Briefen, Tagebüchern, aber auch aus naturkundlichen Zeichnungen und Herbarien besteht, ist durch die Umstände seines Todes - durch den Übergang der Nachlaßteile in viele Hände - auf zahlreiche Archive, Bibliotheken, Museen und Privatsammlungen der ganzen Welt verstreut und war 1953 nur an wenigen Stellen (z. B. Wilhelm *Frels:* Dt. Dichterhandschriften [...], Leipzig 1934) verzeichnet. Forsters Bibliothek wurde 1797 zusammen mit seinen Herbarien und Zeichnungen öffentlich versteigert (s. Horst *Fiedler:* Über die Büchersammlung Georg Forsters und ihre Versteigerung. In: Studien zur neueren dt. Literatur. Berlin 1964 S. 65-74). Einen Einblick in die wechselvolle Geschichte der Zeichnungen Forsters geben die im Kapitel II, Abschnitt 2 angeführten Bücher von Lysaght und Steiner/Baege (s. S. 25). Über den Nachlaß Forsters äußerte sich neben Zincke in den oben angeführten Werken kurz Ludwig *Geiger* (Georg Forsters litterarischer Nachlaß. In: Zs. f. dt. Alterthum 22, N. F. 10, 1878 S. 307-310). Es galt also, für die Akademieausgabe als erstes möglichst vollständig alles

Forstermaterial in der Form von Fotokopien zu sammeln und nicht nur den Nachlaß zu berücksichtigen, sondern auch alle Quellen, die etwas über Forster aussagen, heranzuziehen. Dies gelang weitgehend, so daß heute die »Forsterausgabe« über ein aufschlußreiches, alles Erfaßbare umfassende Forsterarchiv verfügt. Robert L. *Kahn* (Seattle, später Houston) hat Wesentliches zu dieser Sammlung beigetragen. Die Bände der Akademieausgabe verzeichnen jeweils die Quellen. Allerdings konnten z. B. nicht alle Briefhandschriften, die sich in Privathänden befinden, in Fotokopie oder Abschriften erfaßt werden. Ergänzt wurde neuerdings dieses Material durch die von Joseph S. *Gordon* vor allem in England aufgefundenen, in seiner Diss. (s. Kap. II, 2, S. 25) verwerteten und S. 330-335 angeführten Archivalien. Die Forster betreffenden Akten aus der Zeit der Mainzer Republik verzeichnet Heinrich Scheel in seiner Dokumentation (s. Kap. II, 7, S. 84).

3. Die Forsterbibliographie

Eine Frucht der Arbeit der »Forsterausgabe« der Akademie der Wissenschaften der DDR ist ferner das umfassende Verzeichnis der Forsterliteratur:

Horst *Fiedler:* Georg-Forster-Bibliographie 1767-1970. Berlin: Akademie-Verlag 1971. 208 S.

Diese Biographie entwertet alle bisherigen bibliographischen Versuche über ihren Gegenstand und erfaßt mit äußerster Genauigkeit alle Schriften, Rezensionen, Tagebücher und Briefwechsel Forsters (die Briefsammlungen und die Briefwechsel mit 75 Korrespondenten) in Einzeldrucken, Werksammlungen, Auszügen und Bearbeitungen sowie Übersetzungen in andere Sprachen. Sie verzeichnet ferner alle Arbeiten über Forster, Schriften über Nachlaß, Handschriften, Forschung und Edition; Gesamtbiographien und kleinere Würdigungen, die Biographie der einzelnen Lebensabschnitte, der Beziehungen zu (3) Orten und (23) Personen, die Arbeiten über literaturgeschichtliche Stellung, Weltanschauung, Philosophie, Ästhetik, Naturauffassung und -schilderung, Sprache, Stil; Gesellschaft, Staat, Politik; Geographie, Ethnographie; Naturwissenschaften, Freimaurerei und bietet die Literatur zu den einzelnen Forsterschen Schriften. Die Bibliographie schließt nach den Kapiteln über Forster in der Dichtung, Bildnisse und die Diskussion über Gedenkstätten und Ehrungen mit einem aufschlußreichen Register. Die Schriften Forsters sind erfreulicherweise chronologisch nach der Erstveröffentlichung geordnet und bieten so einen Überblick über Forsters Schaffen in den einzelnen Lebensabschnitten. Zahlreiche Verweise erhöhen die Nutzbarkeit der Bibliographie, in der sowohl zu Forsters Schriften als auch zur Sekundärliteratur die Rezensionen mit angegeben sind. Diese zuverlässige und übersichtliche Bibliographie ist weitgehend vollständig; nicht angeführt sind allerdings z. B. die z. T. interessanten und ausführlichen Aussagen über Forster in den Literaturgeschichten von Stöber, Menzel, Kurz (!), Koberstein, Gervinus (!), Hettner (!), Scherer, Meyer, Wiegler usw. Die Bibliographie ist nicht bewertend, gibt aber durch Annotationen zu zahlreichen Titeln dem Benutzer wertvolle Hinweise. Werke, in denen Forster nur kurz erwähnt wird (z. B. bei Heinrich Heine), geben andererseits Einblick in den persönlichen und geistigen Umkreis Forsters. Einige ausführlichere Erwähnungen (z. B. bei A. I. Herzen, s. S. 123) fehlen allerdings.

Betreffs der Zeitschriften, an denen Forster mitgearbeitet hat, sei verwiesen auf Paul *Hocks* und Peter *Schmidt:* Literarische und politische Zeitschriften 1789-1805. Stuttgart: Metzler 1975.

4. Sekundärliteratur

a) Historisch wichtige Schriften

Die bedeutsameren Schriften, die den Weg der Forsterforschung und -würdigung kennzeichnen, sind im Kapitel V angeführt. Die wichtigsten Schriften zu den einzelnen Lebensperioden und Werken Forsters bringen die Anhänge zu den einzelnen Abschnitten des Kapitels II. Neben den noch bemerkenswerten älteren Arbeiten wird hier vornehmlich die seit 1970 erschienene spezifische Sekundärliteratur angegeben. Eine auf Forsters Mitarbeit beruhende Biographie enthält:

Friedrich Wilhelm *Strieder:* Grundlage zu einer Hessischen Gelehrten- und Schriftstellergeschichte. Bd. 4–11 Göttingen 1784/97.

b) Neuere umfassendere Arbeiten über Forster

Heinrich *Reintjes:* Weltreise nach Deutschland. Johann Georg Forsters Leben und Bedeutung. Düsseldorf 1953. 207 S.

Friedrich M. *Thoma:* Georg Forster. Weltreisender, Forscher, Revolutionär. Berlin 1954. 195 S. Mit Abb.

Kurt *Kersten:* Der Weltumsegler. Johann Georg Forster, 1754-1794. (Bern 1957.) 400 S. Mit Abb. Dass. Lizenzausg. Frankfurt a. M. 1958.

Ju[lija] Ja[kovlevna] *Moskovskaja:* Georg Forster - nemeckij prosvetitel' i revoljucioner XVIII veka. Moskva 1961. 420 S. Mit 1 Abb.

Erhard *Lange:* Grundzüge der philosophischen Entwicklung Georg Forsters. Phil. Diss. Jena 1961. 205, XXXVII gez. Bl. 4° [Maschinenschr.].

Ludwig *Uhlig:* Georg Forster. Einheit und Mannigfaltigkeit in seiner geistigen Welt. Tübingen 1965. VIII, 343 S. Mit Bildnis.

Ralph-Rainer *Wuthenow:* Vernunft und Republik. Studien zu Georg Forsters Schriften. Bad Homburg v. d. H., Berlin, Zürich (1970). 134 S.

Thomas P. *Saine:* Georg Forster. New York 1972. 182 S.

Marita *Gilli:* Georg Forster (1754-1794). L'oeuvre d'un penseur allemand réaliste et révolutionaire. Diss. Université de Nanterre (Paris X) 1974 2 Bde. 286, 701 S. [Maschinenschr.]

c) Zur Geschichte der Forsterforschung
Paul *Zincke:* Georg Forsters Bildnis im Wandel der Zeiten. Ein Beitrag zur Geschichte des öffentlichen Geistes in Deutschland. Reichenberg i. B. 1925. XXVI, 105 S.
Gerhard *Steiner:* Die editorische Arbeit an den Schriften Georg Forsters. Ein Überblick über ihren Stand und über die Planung einer Gesamtausgabe. In: Wiss. Annalen Jg. 4, 1955, H. 3, S. 165-174.
Heinrich *Scheel:* Die Mainzer Republik im Spiegel der deutschen Geschichtsschreibung. In: Jb. f. Gesch. Bd. 4 Berlin 1969. S. 9-72.
Heinrich *Scheel:* Das Bild von der Mainzer Republik im Wandel der Zeiten. In: Demokratisch-revolutionäre Literatur in Deutschland: Jakobinismus. Hrsg. von G. *Mattenklott* u. Klaus R. *Scherpe*. Kronberg/Ts. 1975. (Gekürzte und überarbeitete Fassung des vorigen Artikels. Künftig: Scheel, Das Bild).

d) Neuere spezielle Sekundärliteratur zu Forsters Leben und Werk
Detlef *Rasmussen:* Der Stil Georg Forsters. Phil. Diss. Freiburg i. Br. 1953. 262 Bl. 4° (Maschinenschr.)
Amelia *Muscetta:* Ideologia e rivolutione nell' opera di Georg Forster. Tesi di laurea. Universita' degli studi di Pisa 1969–1970. 358 Bl. [Maschinenschr.].
Gerhard *Steiner:* Georg Forster über die Pflichten des Sammlers. In: Marginalien. Zs. für Buchkunst und Bibliophilie. 61. H., 1976 S. 45–52.
Michael E. *Hoare:* The Tactless Philosopher. Johann Reinhold Forster (1729–98). Melborne 1976. X, 419 S.
Gerhard *Steiner:* Naturkunde für die Jugend – ein Weg zu praktischer Humanität. Georg Forster arbeitet an einem Jugendbuch. In: Beiträge zur Kinder- und Jugendliteratur. Folge 41 (1977) S. 9–18.

Nachtrag
Von AA (s. S. 3) werden in Kürze folgende weitere Bände erscheinen:
Bd. 11. Rezensionen. Bearb. von Horst *Fiedler.* 1977.
Bd. 13. Briefe bis 1783. Bearb. von Siegfried *Scheibe.* 1977.
Bd. 14. Briefe 1784 bis 1787. Bearb. von Brigitte *Leuschner.*

II. Leben und Werk, Einflüsse und Wirksamkeit

1. Kindheit / Rußlandreise
27. Nov. 1754 - 4. Okt. 1766

Georg Forsters Wirken ragt als geistige und politische Aktion unter dem der Schriftsteller seiner Zeit - der deutschen Spätaufklärung, des Sturm und Drang und der Frühklassik - hervor, weil ihm besondere Erlebnis- und Erkenntnisbereiche zugänglich waren, weil seine Persönlichkeit und Weltanschauung durch außergewöhnliche Einflüsse und Erfahrungen gebildet wurden.

Johann *Georg* Adam Forster wurde am 27. Nov. 1754 in Nassenhuben bei Danzig (Gdansk), das damals zu Polen gehörte und 1793 durch die 2. Teilung Polens an das Königreich Preußen kam, als ältestes von sieben Kindern geboren. Sein Vater war der Dorfpfarrer Johann Reinhold Forster (1729-1798), der Sohn des Bürgermeisters von Dirschau (Tczew) und einer Bürgermeisterstochter, seine Mutter Justine Elisabeth, geb. Nicolai (1726-1804), die Tochter eines Korn- und Tuchhändlers aus Marienwerder (Kwidzyn) und einer Tante ihres Mannes. Der Vorfahre der Forster, George Forster, Gutsbesitzer zu Yorkshire, war als Anhänger des Königs Karls I. (1600-1649) mit seiner Familie aus Schottland ausgewandert und hatte sich spätestens 1642 in Preußisch-Polen niedergelassen. Forsters Vater hatte das Joachimsthaler Gymnasium in Berlin besucht und in Halle Theologie studiert - ein eigenartiger Kompromiß zwischen seinem Wunsch, sich der Medizin, und dem des Vaters, sich der Jura zu widmen. Seine Neigung zu Naturwissenschaften, Geographie und Sprachen und seine damit verbundene Reiselust, aber auch sein bürgerstolzes Wesen gaben dem Leben des Sohnes, der ihm allein seine Ausbildung verdankte, von vornherein die Zielrichtung. Es gehörte zu den ersten Jugendeindrücken Georgs, daß sein Vater sich bei Streitigkeiten zwischen dem adligen Patron und den Bauern auf die Seite der Unterdrückten stellte.

Die begrenzten Reformen, die Katharina II. von Rußland in den ersten Jahren ihrer Regierungszeit - unter dem Einfluß der französischen Aufklärung - zur wirtschaftlichen Entwicklung ihres Reiches durchführte, verdankten Vater und Sohn ihre erste bedeutsame Reise. Nach 12 Jahren dörflicher und beruflicher Enge griff J. R. Forster begeistert den Vorschlag des russischen Residenten in Danzig auf, sich von der kaiserlich-russischen Regierung zu den neuangelegten deutschen Siedlungen an der Wolga senden zu lassen, um deren ökonomische und soziale Verhältnisse zu untersuchen und neue Siedlungsmöglichkeiten festzustellen. Außerdem war zu J. R. Forster der Ruf gedrungen, den die an der russischen Akademie aufblühende Wissenschaft über die Grenzen des Zarenreiches hinaus verbreitet hatte. Er nahm für ein Jahr Urlaub und reiste mit seinem geweckten und anstelligen zehneinhalbjährigen Sohn Anfang März 1765 über Memel und Riga nach St. Petersburg, der nur 62 Jahre alten, aber bereits prächtig entwickelten Residenzstadt. Dort erhielt er tatsächlich durch einen Ukas der Kaiserin Auftrag und Reisegeld, von der St. Petersburger Akademie der Wissenschaften aber zusätzliche meteorologische Aufgaben, Instrumente und Literatur. In Begleitung eines Offiziers führte die Reise über Moskau, Saransk, Petrowsk und Saratow in das erst ganz gering besiedelte Gebiet am rechten Ufer der Wolga. Überall wurden von J. R. Forster unter lebhafter Anteilnahme seines Sohnes Bestandsaufnahmen über die geographischen und geologischen Umstände, die Bodenbeschaffenheit, Gewächse und Tierwelt gemacht, die Urteile der Kolonisten über ihre Situation eingeholt, Möglichkeiten der Entwicklung der Kolonien erwogen. Dann ging es nach Zarizyn (Wolgograd) und durch die Kalmückensteppe bis zum großen, durch die damals schon beträchtliche Salzgewinnung bedeutsamen Eltonsee.

Dieses abenteuerliche und an Eindrücken reiche Unternehmen lenkte Georgs Blick auf die Beziehungen zwischen Mensch, Natur, Landschaft und Geschichte und auf die Nutzung und Gestaltung dieses Konnexes für die Verbesserung der Lebensverhältnisse der Menschen, und es bot ihm ausgiebig Gelegenheit, sich in der Beobachtung der Verhaltungsweisen, Lebensweisen, Lebensformen und Kunstübungen der einzelnen Völkergruppen und in naturkundlichen Untersuchungen zu schulen. Hier in Rußland erwachte nicht nur Georgs Freude an naturwissenschaftlichen und ethnologischen Betrachtungen, hier erwarb er sich insbesondere durch Übungen in der Anwendung des jungen Linnéschen Systems das Rüstzeug für botanische Untersuchungen. Ein Höhepunkt der über eine Strecke von etwa 4000 km führenden Reise: ein Steppenbrand. Ein eindrucksvolles Bildungserlebnis: Das Ausmessen und Zeichnen der Überreste des Kanals, den Peter I. zur Verbindung von Wolga und Don unter der Leitung des englischen Wasserbauingenieurs Perry hatte graben lassen. In St. Petersburg, wo die Auswertung der Erkundungen und die Anfertigung einer Denkschrift durch seinen Vater einen längeren Aufenthalt erforderlich machte, hatte Georg diese Erfahrungen lernend vertiefen können, als er auf der bürgerlich-pragmatisch ausgerichteten Petrischule, die er nur 7 Monate besuchte - der einzige Schulbesuch seines Lebens -, Statistik (damals die Lehre vom Staat, von Verfassung und Wirtschaft) zu seinem Lieblingsfach erhob. Von tiefer Wirkung auf die Entwicklung seines

Gerechtigkeitssinnes und auf seine kritische Betrachtung der Gesellschafts- und Regierungsformen war das Erlebnis der schnöden Behandlung, die sein Vater durch die Petersburger Bürokratie des feudalen Despotismus erfahren mußte. Sie hatte sich auf die Seite des von J. R. Forster der Unterdrückung der Kolonisten angeklagten einflußreichen Woiwoden von Saratow gestellt und betrog J. R. Forster um die Ergebnisse seiner Arbeit. Schließlich schiffte sich J. R. Forster nach langem Warten auf gerechte Entlohnung und eine Staatsstelle enttäuscht und verbittert nach London ein - ohne erst seine Familie in Nassenhuben, wo seine Pfarrstelle schon besetzt war, zu besuchen -, um in der Heimat der Vorfahren, im Lande der konstitutionellen Monarchie und der bürgerlichen Freiheiten eine seinen Neigungen und Begabungen und seinen bürgerlichen Anschauungen entsprechende Existenz zu finden. Mit einer Barschaft von 4 Pfund kamen Vater und Sohn am 4. Okt. 1766 in London an. Die sechs durch Notlandungen an der schwedischen Küste reizvoll unterbrochenen Wochen der Überfahrt, und der rege Umgang mit den englischen Seeleuten hatten den beiden Sprachbegabten zum Erwerb grundlegender Kenntnisse des Englischen ausgereicht, so daß der Dreizehnjährige, diese schnell vervollkommnend, in London 1767 bereits seine erste Publikation herauszubringen vermochte, eine Übersetzung von Lomonossows *»Kurzer russischer Geschichte«* aus dem Russischen ins Englische.

Der sich J. G. A. F. unterschreibende »young writer« schickte dem Büchlein eine kurze, an den russischen Gesandten in England gerichtete Widmung voraus. Mit berechtigtem Stolz weist er darauf hin, daß das Büchlein Materialien enthalte, die noch nie in englischer Sprache veröffentlicht wurden. Es lag den beiden Forster daran, der in England vorgefundenen Unkenntnis über Schicksal und Leistung des russischen Volkes zu einem kleinen Teil wenigstens entgegenzuwirken. Die Leistung des Kindes wurde in den Annalen der weltbekannten Akademie gewürdigt: Am 21. Mai 1767 sprach die Londoner Society of Antiquaries dem Sohn des Herrn Forster, der ein junger, noch nicht 13 Jahre alter Mann sei, aber verschiedene Sprachen spreche, für die Überreichung seines Buches ihren Dank aus.

Schrift Forsters:
A Chronological Abridgment of the Russian History; translated from the Original Russian. Written by Michael Lomonossof; [...] and continued to the present Time by the Translator.
Entstanden: 1766/67.
Erstdruck: London: T. Snelling 1767. 1 Bl., VI, 85 S.*

---

*Die Angaben unter »Entstanden« sind die ungefähren Termine. Unter »Neudruck« ist, falls keine historisch-kritische Edition des Textes vorliegt, der letzte brauchbare und meist auch greifbare Druck genannt.

Sekundärliteratur:
Johann Reinhold *Forster:* Über Georg Forster. Annalen d. Philosophie und des philos. Geistes. Philos. Anzeiger 14. Jan. 1795, St. 2, Sp. 9-16; 15. Apr., St. 16, Sp. 121-128.
Kurze Nachrichten von dem Leben verschiedener verstorbener Mitglieder. 5. Reinhold Forster betr. In: Neue Schriften d. Gesellschaft naturforschender Freunde zu Berlin. Bd. 2. Berlin 1799. S. 419 f., 425, 432 f.
Erinnerungen an Verstorbene [G. Forsters Mutter]. In: Hallisches patriotisches Wochenblatt 5, 1804, St. 51, S. 807 f.
Friedrich *Strehlke:* Georg Forster's Geburtsort. In: Neue Preussische Provinzialblätter F. 3, 8, 1861, S. 189-212.
Friedrich *Strehlke:* Aus der Umgebung von Danzig. I. Georg Forster's Geburtsort. Programm der Petrischule (Danzig) 7. Apr. 1862, S. 3-15. Nachträge zum vorjährigen Programm, ebd. 30. März 1863, S. 18-28.
[C. L.] *Preuss:* Berichte über die Einweihung der Gedenktafel für Johann Reinhold Forster in Dirschau am 22. Oct. 1864. In: Altpreussische Monatsschrift 2, 1865, S. 423-431.
Schück: Beiträge zur Lebens- und Familiengeschichte Georg Forster's. In: Jahresbericht der Schlesischen Gesellschaft für vaterländische Cultur 62, 1884, S. 369-380.
Gerhard *Steiner:* Johann Reinhold Forsters und Georg Forsters Beziehungen zu Rußland. In: Veröffentlichungen des Instituts für Slawistik der Deutschen Akademie der Wiss. zu Berlin. Nr. 28/II, Berlin 1968, S. 245-311, 430-450.
A. K. *Skvorcob:* O. putešestvii J. R. Forstera v nižnee Povolž'e v 1765 g. In: Botaničeskij Žurnal 46, 1961, Nr. 1, S. 151-154.
F. Ja. *Prijma:* Georg Forster - perevodčik Lomonosova. Doklady i soobščenija filologičeskogo instituta (Leningradskij gosudarstvennyi ordena Lenina universitet imeni A. A. Ždanova) 3, 1951, S. 209-220.

2. In England / Weltreise
4. Okt. 1766 - Nov. 1778

Die folgenden zwölf Entwicklungsjahre, die der junge Forster in England verbrachte, prägten in starkem Maße seine Persönlichkeit und sein Bewußtsein. Zunächst unterstützte er den Vater bei wissenschaftlichen Arbeiten und Übersetzungen, mit denen dieser ein weniges verdiente. Als J. R. Forster ein Lehramt an der Dissenters Academy in Warrington erhielt, gab Georg in einem in der Nähe gelegenen Knabenpensionat Unterricht in Deutsch und Französisch. Seine Sprachbegabung war bedeutend, obwohl er nie wie sein Vater die Grundlagen von 17 Sprachen beherrschen lernte, aber er schrieb sehr bald z. B. ein besseres Englisch als sein Vater. Schließlich gab ihn dieser, angeregt durch die Entwicklung des Handels in England, zu einem Textilkaufmann mit russischen Verbindungen nach London in die Lehre. Als Georg aber im September 1767 Mutter und Geschwister, die in London eingetroffen waren, als Dolmetscher zum Vater geleitete, erkannte dieser mit Schrecken, wie entkräftet Georg war und behielt ihn bei sich. Georg besuchte an der Akademie in Warrington Vorlesungen, und zwar bei John Holt in Mathematik und Physik, bei John Aikin in Latein (Horaz) und christlicher Moral und bei seinem Vater in Naturgeschichte. J. R. Forster sah wohl ein, daß Georgs »wissenschaftliche Kenntnisse ihn einen günstigeren Weg führen könnten, als der Handel ohne alles eigne Kapital verspricht« (B I, 15 f.). Nachdem sich J. R. Forster mit der Leitung der Academy überworfen und sein Amt aufgegeben hatte, kam es ihm gelegen, daß Georg ihm dabei helfen konnte, die Familie durch Übersetzungen ins Englische über Wasser zu halten. Damals übertrug Georg aus dem Deutschen Peter Kalms dreibändige Beschreibung einer Reise nach Nordamerika (*»Travels into North America* [...]«, 2 Bde. 1770/71) und das gleichfalls umfangreiche Werk *»A Voyage to China and the East Indies, by Peter Osbeck* [...] Together with a Voyage to Suratte, by Olof Toreen [...] and an Account of the Chinese Husbandry, by Capitain Charles Gustavus Eckeberg« (2 Bde. 1771). Forsters erstaunliche Arbeitsfähigkeit zeigte sich bereits damals, denn man muß bedenken, daß diese beiden in so kurzer Zeit gewiß zum größten Teil in Warrington fertiggestellten Übersetzungen insgesamt rund 1550 Druckseiten ausmachen.

Als dann J. R. Forster Ende 1770 mit seiner Familie nach London zog und, nachdem sich der Plan, in den Dienst der Ostindischen Kompagnie zu treten, zerschlagen hatte, seinen Übersetzungsbetrieb weiterführte, wurde Georg wiederum in diesen eingespannt. Das Werk des Fünfzehn- und Sechzehnjährigen waren weitere Übersetzungen, die sein Vater, ebenso wie die bisherigen, überarbeitete, einleitete, z. T. kommentierte und unter seinem Namen herausgab.

So ist das Buch *»An Abstract of the most useful and necessary Articles mentioned by Peter Loefling ... in his Travels through Spain, an that Part of South America called Cumana* [...]« (1770) eine Bearbeitung Georgs aus dem Französischen, aus dem er auch de Bougainvilles Beschreibung der Expedition von 1766 bis 1769 übersetzte (*»A Voyage round the World* [...]«, 1772). Aus dem Deutschen übertrug er Johann Hermann von Riedesels sizilianische Reise *(»Travels through Sicily and that part of Italy formerly calles Magna Graecia«)* und Grangers Beschreibung von Ägypten *(»A Tour through Egypt, with an accurate description of its cities«)*. Beide Übersetzungen erschienen in einem Band 1773.

Mochte Georg Forster auch zu seiner Befriedigung aus dieser Übersetzungsarbeit viel an geographischen, völker- und naturkundlichen Fakten und Zusammenhängen gewonnen und seine Ausdrucksfähigkeit vervollkommnet haben, so hat er sich doch später bitter über diese Londoner Jugendjahre ausgesprochen, in denen er neben einem cholerischen Vater, der nicht wirtschaften konnte, den er aber hochschätzte und liebte, bis an die Grenze seiner Kräfte arbeiten mußte, während sich die Lage der großen Familie dennoch immer mehr verschlechterte.

Aus dieser Misere riß Georg Forster ein Ereignis heraus, das auch eine Besserung der ökonomischen Notlage der Familie erwarten ließ: Eine Weltreise. Die neue wirtschaftliche Aufwärtsbewegung des englischen Kapitalismus in den sechziger Jahren des 18. Jhs. veranlaßte und ermöglichte Unternehmungen, durch die neue Quellen für Handel und Produktion erschlossen, neue Kenntnisse gewonnen und die Wissenschaften gefördert wurden. Die Entdeckungsreisen erhielten eine neue Funktion: die wissenschaftlichen und wirtschaftlichen Bedingungen für die Ausnutzung und Besiedlung der fremden Länder unter Anwendung der modernen technischen Hilfsmittel zu erforschen. Dem damaligen Leutnant James Cook, Sohn eines armen Bauern, der als Handlanger eines Kohlenschiffers seine Laufbahn begonnen hatte, waren auf einer ersten Erdumrundung 1769 bis 1771 wichtige Entdeckungen gelungen. Die beiden Botaniker, die ihn begleitet hatten, Banks und Solander, brachten zahlreiche wissenschaftliche Beobachtungen und Funde in die Heimat mit. Ein Jahr nach der Rückkehr gab die englische Admiralität den zum Kommandeur ernannten Seefahrer den Auftrag, eine neue Expedition von Schiffen auszurüsten mit der Geheimorder, die Frage zu entscheiden, ob es den sagenhaften, noch unentdeckten bewohnbaren Südkontinent, die »Terra australis« gibt. Einerseits die konkurrierende Aktivität der französischen Seefahrer, andererseits die immer unsichereren Beziehungen Englands zur nordamerikanischen Kolonie veranlaßten diese Seemacht in der Zeit der industriellen Revolution, nach neuen kolonialen Möglichkeiten Ausschau zu halten. Wieder war Banks als Naturforscher der Weltreise vorgesehen. Er stellte aber unannehmbare Bedingungen, und so bot man 12 Tage vor der Abreise dessen Stelle J. R. Forster an, dessen russische Reiseerfahrungen und geographische Kenntnisse bekannt waren. Kurzentschlossen sagte er zu, bat aber darum, seinen siebzehnjährigen Sohn als Gehilfen mitnehmen zu dürfen. Das wurde gestattet, weil dieser ein befähigter Zeichner von Pflanzen und Tieren war.

Am 13. Juli 1772 stachen zwei wohlausgerüstete Dreimastsegler unter dem Oberbefehl Cooks vom Hafen Plymouth aus in See: Es waren die »Resolution« (462 Tonnen), auf der sich mit Cook die beiden Forster und weitere 114 Männer befanden, und die etwas kleinere »Adventure« (336 Tonnen) mit 81 Mann unter dem Kommando des Kapitäns Furneaux. Sie segelten über Madeira und die Kapverdischen Inseln zum Kap der Guten Hoffnung, wo die Schiffe zusätzlichen Proviant aufnahmen und die beiden Forster als Reise- und Forschungsgefährten den schwedischen Naturforscher Sparrman gewannen, mit dem sich Georg befreundete. Von Kapland aus stießen die Segelschiffe ihrem Programm gemäß in Richtung auf den Südpol vor. Man überquerte den südlichen Polarkreis und trat am 17. Januar 1773 in die kalte Zone der südlichen Hemisphäre ein, die bis dahin noch allen Seefahrern verschlossen geblieben war. Wiederholt versuchte das Schiff auf einer langen Fahrt zwischen 50 und 60 Grad südlicher Breite in das Eismeer vorzustoßen, kam einmal sogar auf 67° 15′, befand sich aber dann in einer riesigen Fläche von Brucheis. Nirgends traf man auf ein größeres Festland oder auch nur eine Insel, und so segelte man im März 1773 nordwärts, sonnigeren Gestaden zu. Nach 122 Tagen der Durchquerung des Indischen Ozeans landeten die Weltwanderer auf Neuseeland. Von hier aus zog das Schiff zwei Kreise durch den südlichen Pazifischen Ozean, zunächst einen kleineren, dann um diesen einen größeren, der sich mit jenem bei den Gesellschafts (Sozietäts)-Inseln und den Freundschafts (Tonga)-Inseln berührte. Man legte also zweimal auf Tahiti, der Perle der Gesellschaftsinseln, zweimal auf den Tonga-Inseln und zweimal auf Neuseeland an, um jeweils Lebensmittel aufzunehmen, die Schiffsausrüstung zu erneuern und wissenschaftliche Beobachtungen zu machen. Diese Landaufenthalte, besonders die auf Tahiti, waren für Georg Forster Höhepunkte des Reiseerlebens und Quellen der Erkenntnisse. Die wundervolle Landschaft, das milde Klima, vor allem aber ein gutmütiges, friedliebendes, kunstfertiges und wohlgebildetes Volk, das schon eine beträchtliche Stufe der gesellschaftlichen Entwicklung erreicht hatte, prägte sich Forster für immer tief ein. Auf dieser Insel konnte er vor allem seine auf dem Naturrecht, einem aufklärerischen Humanismus und mechanischem Materialismus beruhenden Anschauungen von der Natur des Menschen und von der Bildung und Entwicklung gesellschaftlicher Formationen klären und bereichern. Nach Vollendung des kleinen Kreises trennte sich die »Adventure«, die schon eine Zeitlang auf eigenem Kurs gesegelt war, endgültig von dem Schwesterschiff und kehrte nach England zurück. Auf dem großen Kreis, den die »Resolution« nunmehr durch das Südmeer zog, fuhr Cook wiederum fast vier Monate durch das Eismeer und stieß vom Dezember 1773 bis Ende Januar 1774 zweimal in Richtung Südpol vor. Diese neue antarktische Fahrt setzte die Seefahrer den schwersten körperlichen und seelischen Belastungen aus. Als sie am 30. Januar 1774 bei 71°10′ südlicher Breite auf ein unabsehbares Feld von unregelmäßig hochgetürmten Eismassen stießen, mußten sie umkehren. Man hatte das große besiedelte Südland nicht gefunden und ahnte nicht, daß man nicht weit von einem Festland umkehrte, nämlich von der Antarktika, die erst 1820 durch die Forscher der russischen Südpolarexpedition gesichtet wurde. Auf diesem zweiten, dem größeren Kreis, wurden weiterhin die Osterinseln, die Marquesas-Inseln und die König-Georgs-Insel berührt, dann landete man auf den schon genannten Inselgruppen, und nun gelangen die ersten bedeutsamen, das geographische Weltbild bereichernden Entdeckungen. Die Seefahrer fanden eine Anzahl Inseln der Neuen Hebriden, das wichtige Neukaledonien und eine pflanzenreiche Insel, der Cook den Namen »Norfolk-Island« gab.

Die Aufgaben des jungen Forster auf dieser ebenso strapazen- wie erlebnis- und erkenntnisreichen Weltumseglung waren vielfältig. Er schulte sich in Geographie, Botanik und Zoologie durch Gespräche mit seinem Vater und Sparrman und durch die mitgeführte Literatur. Für ihn wurde die dreijährige Weltreise, die größte bis dahin durchgeführte Expeditionssegelfahrt, zur anschauungsreichen, lebendigen hohen Schule, zur Universitätszeit. Er unternahm mit den anderen Forschern Landexpeditionen und füllte Sinne und Geist mit tausendfältigen Eindrücken. Unter der Anleitung seines Vaters machte er physikalische, meteorologische, ethnographische und sprachkundliche Beobachtungen, vor allem aber bestimmte er mit ihm erbeutete Tiere nach allen wichtigen Merkmalen, die in ein naturkundliches Tagebuch, die *»Descriptiones animalium«* eingetragen wurden. So hatte er helfenden Anteil an den naturwissenschaftlichen Funden und Entdeckungen seines Vaters, der z. B. eine gewisse Gesetzmäßigkeit in der Verbreitung der Lebewesen über die Inselwelt der Südsee erkannte, und an zahlreichen neuen Einzelerkenntnissen auf dem Gebiete der Ozeanographie. Die neuere Wissenschaft stellte fest, daß J. R. Forster als erster die Wärme in größerer Meerestiefe gemessen habe, die geringe Mittelwärme der Südhalbkugel aus deren bedeutender Wasserverdrängung ableitete, die Südzuspitzung der Festländer durch eine große Flut zu erklären suchte und aus der Art und Verbreitung der Korallenriffe auf den Wechsel an Hebungen und Senkungen des Tiefseebodens schloß. Nicht zuletzt und mit besonderem Eifer und Interesse zeichnete Georg Pflanzen und Tiere, hauptsächlich Vögel. Dem jungen Zeichner gelang in seinen aus dem Lebens- und Naturgefühl des Sturm und Drang entstandenen, heute noch erhaltenen Bildern, die Zeitgenossen wie Goethe, Lichtenberg und Spener bewunderten, eine ansprechende Synthese von wissenschaftlicher Klarheit und künstlerischem Empfinden.

Die Weiterfahrt nach Vollendung des zweiten, weitausgreifenden Kreiskurses, die von Neuseeland aus durch den Indischen Ozean führte, brachte weitere Höhepunkte der Reise: Die Landung auf Feuerland, der Südspitze von Südamerika, der Heimat der noch ganz unentwickelten »Pescherähs« (Yahgan, Alakaluf und Ona), das Passieren des gefährlichen Kap Hoorn, die Entdeckung einer öden Felseninsel, die man »Südgeorgien« nannte, und, nach einem sechsten Vorstoß in das Eismeer, die Entdeckung der Süd-Sandwichinseln im Januar und Februar 1775. Über das Kap der Guten Hoffnung, St. Helena und die Azoren ging es nach England zurück, wo man am 30. Juli

1775 vor Portsmouth Anker warf. In elfhundert Tagen hatten die Weltreisenden eine Strecke vom dreifachen Erdumfang zurückgelegt.

In England war bald die Enttäuschung der beiden Forster um so bitterer, je größer die Hoffnungen gewesen waren, zu denen sie berechtigt schienen. Sie konnten die reiche Ausbeute an mitgebrachten Materialien, an Erkenntnissen und Erfahrungen nicht so nutzbringend verwenden, wie sie es sich gedacht hatten. Zwar erhielt J. R. Forster aus Oxford den juristischen Doktortitel, zwar wurden beide einer Audienz beim König gewürdigt, dem sie einige seltene Tiere überreichen durften, zwar konnten sie etwa ein halbes Jahr nach ihrer Rückkehr ein wichtiges lateinisches Werk über die neuentdeckten Pflanzenarten herausgeben, das 78 von Georg sachverständig gezeichnete Pflanzenbilder illustrieren. Die Haupteinnahme und den höchsten Ruhm hatte sich J. R. Forster jedoch von der Herausgabe der »erzählenden« oder »philosophischen« Beschreibung der Reise versprochen. Er kam aber deswegen in Konflikte mit Cook und der Admiralität. Georg vermutete wohl mit Recht, daß J. R. Forsters »philosophisch freie« Denkart nicht genehm war und daß durch den von der Admiralität bestellten Korrektor mit den sprachlichen Korrekturen zugleich eine inhaltliche Zensur ausgeübt werden sollte. Denn es ging in der Beurteilung zahlreicher Zustände und Vorgänge der Reise um politisch und gesellschaftsmoralisch äußerst heikle Fragen. J. R. Forster, keineswegs unterwürfig, erfüllt von bürgerlichem Selbstbewußtsein und Freiheitssinn, war nicht gesonnen, Zugeständnisse zu machen. Nach Gordon (s. S. 25) ging es bei dem unerquicklichen Hin und Her des Streites hauptsächlich um den beträchtlichen finanziellen Gewinn. Da J. R. Forster nur die naturwissenschaftliche Beschreibung liefern sollte, sei er auf den Ausweg verfallen, Georg die »Narrative« schreiben zu lassen. So bot sich für diesen, der nicht durch Verträge gebunden war, überraschend die Gelegenheit der literarischen Bewährung an einem ebenso umfangreichen wie bedeutenden Objekt. Er ging sofort ans Werk und zeigte sich seiner großen Aufgabe gewachsen. Unter Benutzung der umfangreichen Tagebücher seines Vaters schrieb er das zweibändige englische Werk *»A Voyage round the World«* in der kurzen Zeit von rund 8 Monaten. Die öffentlich geäußerte Vermutung, daß sein Vater der Verfasser des Werkes sei, widerlegte er in der Streitschrift *»Reply to Mr. Wales's Remarks«:* »jede Zeile des vorliegenden Werkes ist höchst gewiß von mir nach meinen eigenen begrenzten Ideen geschrieben; es ist ebenso ungeschmälert mein eigener Stil und meine eigene Ausdrucksweise«. Er nennt mit Recht seines Vaters »Observations made during a voyage round the world« (1778) einen unstreitigen Beweis dafür, daß sich dessen Schreibart wesentlich von der seinen unterscheidet und daß Vater und Sohn in noch ungelösten Fragen häufig verschiedene Ansichten haben. Die sprachliche Qualität und der stilistische Glanz, die das englische Originalwerk fast durchgängig aufweist, ist das Hauptargument dafür, daß es sich um eine schriftstellerische Arbeit Georgs handelt. Doch ist der geistige Anteil des Vaters an dem Werk seines Sohnes erheblich. J. R. Forster war der Initiator der Art und Weise geographisch-ethnographischer und naturkundlicher Fragestellungen, Beobachtungen und Verknüpfungen. Zu Beginn der Arbeit am Reisebericht war der Sohn hinsichtlich der Ausbildung der wissenschaftlichen Methode und mancher Hypothesen und grundsätzlicher Reflexionen noch der Empfangende, aber gerade in den Monaten der Manifestation der Erlebnisse und Betrachtungen wuchs er zu einer selbständig denkenden, sich ihrer Individualität bewußt werdenden und nach vielseitiger Bildung strebenden Persönlichkeit heran. Gegen den Vorwurf, daß er dem Buch nur seinen Namen gegeben habe, und gegen andere Einwände verteidigte sich Georg Forster 1778 in zwei weiteren Streitschriften *(»A Letter to the Right Honourable, the Earl of Sandwich«* und *»Georg Forsters Antwort an die Göttingischen Recensenten«)* sehr gewandt. Die Diktion dieser Arbeiten, die Sicherheit des Ausdrucks und ihr Pamphletcharakter geben einen Vorgeschmack von den späteren geistreichen polemischen Essays Forsters, und so sind diese Arbeiten schon durch ihre sprachliche Form und intellektuelle Schärfe Beweise für die schriftstellerische Fähigkeit und Eigenständigkeit und für das aus erfolgreich geleisteter Arbeit fließende Leistungsbewußtsein des jungen Autors.

Georg Forster schrieb im Wettlauf mit der offiziellen Cookschen Darstellung und gewann mit einem Vorsprung von sechs Wochen. Krankheit (Folgen eines skorbutartigen Leidens während der Weltreise) und die finanzielle Notlage der Familie beeinträchtigten wiederholt seine Stimmung. Während der Arbeit an der Originalfassung begann die Übersetzung ins Deutsche, die Georgs Freund, der Berliner Verleger Spener, herausbringen wollte. War auch der Hauptübersetzer der aus Kassel wegen Veruntreuungen geflohene Professor der Altertümer Raspe, so mußte doch Georg alle Fäden der Übertragung in seiner Hand halten und ganze Passagen selbst übersetzen. Die beiden Bände von *»Johann Reinhold Forster's ... Reise um die Welt«* kamen 1778 und 1780 bei Spener in Berlin heraus. Forsters schriftstellerische Kraft kam aus der Freude an emotionaler und intellektueller Besitznahme merkwürdiger, nur wenigen zugänglicher Erlebnisse und Eindrücke und ihrer Verdichtung zu Erfahrungen und Erkenntnissen, aus der Begeisterung an einer schöpferischen Gestaltung auf der Grundlage bereits gewonnener Ansichten und Einsichten, die beim Schreiben vertieft oder erweitert oder korrigiert wurden und ihn mit den vorwärtsweisenden Ideen der Zeit verbanden. Stand doch das Grunderlebnis, die zweite Cooksche Weltumseglung, selbst in engster Beziehung zu der drängenden Entwicklung der europäischen Gesellschaft. Die beiden Forster meinten mit Recht, daß die Reisebeschreibung eine neue Qualität erhalten müsse, die jedoch nicht allein von der neuen Form des Reisens bestimmt war, sondern auch von dem Bedürfnis, die Ideen der Aufklärung und eines neuen Humanismus auf die Betrachtung und Bewertung der Beobachtungen und Erfahrungen angewendet zu sehen. Das Ziel war eine Vertiefung und Vergeistigung der Reiseschriftstellerei, eine engere Verbindung mit den philosophischen Erkenntnissen der Zeit, aber auch eine wissenschaftliche Verwertung der Empirie im Sinne der Erforschung von Gesetzmäßigkeiten. Die Bewegtheit seiner Darstellung erreicht Georg Forster durch einen Wechsel von sachlichem Bericht und epischen, episch-lyrischen und episch-dramatischen Erzählformen, und all dies wiederum ist vielfach unterbrochen durch Reflexionen, mit der Bestimmung, durch philosophische Selbstverständigung der Erkenntnis der Wirklichkeit zu dienen. Forsters Reisebeschreibung, durchdrungen von den Gedanken und Gefühlen eines gebildeten Jünglings der Zeit der Segelschiffe, dokumentiert mehr das Suchen nach einem Weltbild als eine geschlossene, unwidersprüchliche Weltanschauung. Wenn auch die wissenschaftlichen Fakten, die Ergebnisse der Feldforschung oft im Vordergrund stehen, im Mittelpunkt der Schilderungen und Gedankenbewegungen steht der Mensch. Überall forscht Forster nach den Grundlagen des Menschseins, er sucht die Züge der menschlichen Existenz katexochen zu erfassen und die Bedingungen für die Entwicklung der Gesellschaftsverbände zu ergründen. Sein Hauptaugenmerk ist auf das soziale Verhalten der Menschen und Menschengruppen gerichtet. Er will Gesetzmäßigkeiten der Bildung von Gesellschaftsformen feststellen. Gerade mit solchen Materien seiner Welterfahrung kam er dem allgemeinen Zeitinteresse entgegen. Weithin verbreitete sich allerdings der Irrtum, Forsters Tahiti-Schilderung sei in der Nachfolge Rousseaus ein ungetrübtes Bild paradiesischer Unschuld und süßester Glückseligkeit. Daß die Südseeromantik in Deutschland mit ihren verschiedenartigen literarischen Gestaltungen von Forsters Buch außerordentlich gefördert worden ist, wenngleich die Ursachen dieser Begeisterung außerliterarische waren, steht außer Zweifel. Das liegt daran, daß bereits vor dem Erscheinen des Forsterschen Buches das Tahitibild vorgeprägt war, und zwar durch die im Geiste der Empfindsamkeit verfaßte Reisebeschreibung des Engländers Anson (dt. 1763), durch das Jardin d'Eden- und Nouvelle Cythère-Bild Bougainvilles in seiner »Voyage autour de monde« (dt. 1772) und durch die Berichte der Reisen Byrons (1764/66) und Cooks (1769/71) aus der Feder des geistreichen Hawkesworth (dt. 1775, 3 Bde.). Als nun Forsters begeisternde, durch ihre Poesie eindrucksvolle Schilderung des Ensembles von landschaftlicher Schönheit, freigebigem Reichtum der Natur, gesundem Klima mit naiver Sittlichkeit, Liebenswürdigkeit und gefälliger Körperbildung der Bewohner dieser Insel erschien, las ein südseetrunkenes Publikum aus der »Reise um die Welt« nur das heraus, was sich in die bereits liebgewonnenen Vorstellungen einfügte. Tatsächlich aber gibt Forster eine Darstellung der Südseeverhältnisse, die sich von der seiner Vorgänger unterscheidet und auf präzise Differenzierung bedacht ist.

Forster entwickelt, gestützt auf die Fülle eigener Erfahrungen, seine Vorstellungen von einer Stufenfolge in der Entfaltung gesellschaftlicher Formen. Auf unterster Stufe stehen seiner Auffassung nach die Pesserähs auf Tierra del Fuege (Feuerland). Ihr Zustand ist so erbärmlich, daß Forster nicht von einem »paradiesischen« Urzustand sprechen kann, und hier polemisiert er gegen Rousseau, wie er ihn versteht. Die Feuerländer vermögen sich nicht gegen die Härte des Klimas zu schützen, ihre Existenz kennzeichnet ein durch keine Rücksichtnahme gebändigter Durchsetzungs- und Rachetrieb. Allerdings steht diesem ein primärer Grundtrieb, das Gefühl der allgemeinen Menschenliebe, gegenüber, der sich erst mit der Herausbildung gewisser sozialer Bindungen stärker entwickelt und wechselwirkend das soziale Leben befruchtet. Damit kommt Forster den Gedanken des französischen Materialisten Helvétius nahe, der in seiner Schrift »De l'homme« (1772) die Sinnlichkeit des Menschen, seine Eigenliebe und seine natürliche Güte, als Grundlage des gesellschaftlichen Lebens und der Moral faßt und eine Einheit zwischen dem Fortschritt der Vernunft und dem gesellschaftlich-ökonomischen Fortschritt sieht. Vor Helvétius hatten der englische sensualistische Philosoph Locke und der mechanische Materialist Hobbes den Naturzustand als eine unvollkommene Vorstufe des Gesellschaftszustandes angesehen, und es scheint, daß Forster vor allem von ihnen mittelbar oder unmittelbar beeinflußt wurde. Erst mit dem Gesellschaftszustand, meint er, kann sich das im Menschen angelegte Gute durchsetzen. Aber immer wirkt der Selbsterhaltungstrieb fort, und sein Wechselspiel mit den humanen Anlagen ist die Unruh der Gesellschaft. Weiter von der im Vergleich zu den übrigen Südseebewohnern äußersten Primitivität der Feuerländer entfernt fand Forster die Bewohner der Marquesas-Inseln. Sie besitzen genügend Verstand und Überlegung, die notwendigsten Bedürfnisse zu befriedigen, sie haben schon ein gewisses Maß an gesellschaftlichem Übereinkommen herausgebildet und leben in einer verhältnismäßigen Harmonie. Derjenige Entwicklungszustand, in dem eine gewisse Gleichheit im Hinblick auf Besitz und Befriedigung der Bedürfnisse herrscht, ist für Forster der glücklichste. In dieser Hinsicht nähert er sich der Auffassung Rousseaus, der diesen Status hypothetisch mit dem Naturzustand gleichsetzte, und den Vorstellungen der utopischen Sozialisten des 18. Jhs. Sozial, wirtschaftlich und kulturell noch höher entwickelt sind nach Forsters Darstellung die Tahitier, begünstigt durch Natur und Klima. Sie kennen »die geselligen Tugenden und Pflichten«. Sie haben eine Gesellschaftsformation, die sich »mit dem alten europäischen Feudal-System vergleichen läßt«. So groß allerdings die Unterschiede zwischen den »drei Klassen« – eine vierte, damals vorhandene soziale Schicht vermochte Forster nicht auszumachen – seien, so nivelliere sich deren Anteil an »Glückseligkeit« im allgemeinen doch durch die im ganzen zu einfache Lebensweise des Volkes. Ihre relative »glückliche Gleichheit« ist schon bedroht. Man kann bereits nicht mehr von einem gesellschaftlichen Zustand sprechen, der allen Tahitiern ein uneingeschränktes Glück garantiert. »Die ursprüngliche Gleichheit der Stände ist bei ihnen schon mehr in Verfall geraten, die Vornehmern der Nation leben schon auf Kosten der Geringern«. Gewisse Schäden, die von Üppigkeit und Ausschweifungen herrühren, sind nicht zu übersehen; auf der anderen Seite »wird die dienstbare Klasse künftig immer mehr mit Arbeit beschwert werden und von dem Übermaß derselben allerhand üble Folgen zu gewarten haben [...] Endlich wird das gemeine Volk diesen Druck empfinden und die Ursachen desselben gewahr werden, alsdenn aber wird auch das Gefühl der gekränkten Rechte der Menschheit in ihnen erwachen und eine Revolution veranlassen«. Mit dem Zusatz: »Dies ist der gewöhnliche Zirkel aller Staaten« (engl. »circle of human affairs«) deutet Forster darauf hin, daß hier eine Gesetzmäßigkeit vorliegt. Er sieht Tahiti inmitten einer historischen Dynamik, die eine Vorausschau ermöglicht, bei der er freilich die koloniale Entwicklung mit einkalkuliert. Die Zuneigung des sensiblen Autors zu dieser Insel und ihren Bewohnern hat seiner Schilderung etwas von dem Schmerz über die Vergänglichkeit des Liebenswerten mitgegeben, die seinem beobachtenden Geist nicht entgehen konnte.

Forster sucht die individuelle Situation der Völker zu erforschen und in ein historisches System einzuordnen. Er ist sich dessen gewiß, daß die Besonderheiten der Lebensformen eines Volkes von mehreren Ursachen abhängen, die den Nationalcharakter prägten, unter denen das Klima, der Pflanzen- und Tierbestand, geographische und geologische Bedingungen genannt werden können, aber keineswegs ausreichen, Sitten und Geist eines Volkes zu erklären. Wesentlich ist, daß Forster immer wieder versucht, das Individuelle, insbesondere die soziale und staatliche Formation, und den geistigen und technischen Habitus als determiniert festzustellen, und sich auch in dieser Beziehung auf den Bahnen der französischen Materialisten bewegt. Daß Forster bedauernd vermerkt, wie weit sich die Tahitier mit ihren Privilegierten, deren Lebenszweck Ausschweifung und Völlerei sind, und den Prostituierten schon europäischer Zivilisation genähert haben, steht in keinem Widerspruch zu dem Glauben, daß sich eine den natürlichen Eigenschaften des Menschen gerecht werdende Ordnung erst im Laufe der gesellschaftlichen Entwicklung bildet, in der sich die Vernunft über Unwissenheit und Aberglauben hinwegsetzt. Forster stellte nicht den gesellschaftlichen und geistigen Fortschritt der Menschheit in Frage, dessen unstreitige Höhe für ihn die europäische Kultur ist. Diese Aufwärtsentwicklung aber ist allgemein, es werden Werte für die gesamte Menschheit gewonnen, die im einzelnen nicht in Erscheinung zu treten brauchen. Die höhere Zivilisation ist in Forsters Augen in jedem Falle eine Disposition zu höherer Kultur und höherer Menschlichkeit. Sie ist gleichermaßen eine Verpflichtung. Der Kampf für die in der jeweiligen Situation, also relativ, notwendigen menschlichen Grundrechte und für eine Verbesserung der Lebensbedingungen erübrigt sich deshalb nicht. Wichtig ist für Forster, daß die Entwicklungshilfe für die einzelnen Völker deren Entwicklungsstand berücksichtigt und nicht durch Einflüsse, die der besonderen Situation nicht gerecht werden, gestört wird. Der junge Weltreisende empört sich immer wieder, wenn sich Europäer aus egoistischen Trieben nicht auf der Höhe der Moral und durch Unwissenheit nicht auf der Höhe der Vernunft zeigen, die das aufgeklärte Europa erklommen hat. Europäische Überheblichkeit und selbstgerechte Vorurteile stellen sich ein, wenn die Moralbegriffe und Rechtsgrundsätze nicht als relativ gesehen, nicht aus der zivilisatorischen Gesamtentwicklung eines Volkes und seinen besonderen Verhältnissen beurteilt werden. Aus der Erkenntnis, daß die Eigenschaften der Menschen und Völker sich im Konnex mit den Verhältnissen (natürlichen Gegebenheiten und davon abhängiger gesellschaftlich-sittlicher Stufe) bilden und entwickeln, gewinnt Forster die Grundlagen für sein zehn Jahre später mit Kant geführtes Streitgespräch, in dem er sich gegen die Theorie von den »ewigen Fähigkeiten«, die angeblich die Menschengruppen voneinander abgrenzen, wendet. Alle Wertschätzung der Zivilisation durch Forster schränkt jedoch nicht seine Forderung ein, den gesellschaftlich-sittlichen Zustand der zivilisierten Völker entschieden zu verbessern, denn »es ist eine traurige Wahrheit, daß Menschenliebe und die politischen Systeme von Europa nicht miteinander harmonieren«. Die grundlegenden Stoffe und Probleme seiner »Reise um die Welt« begleiteten Forster durch sein ganzes weiteres Leben und Wirken.

Die Reisebeschreibung machte den Dreiundzwanzigjährigen in Europa mit einem Schlage berühmt und ließ ihn in Deutschland in die Reihe der meistgelesenen Schriftsteller rücken.

Georg Forster wurde 1776 ordentliches Mitglied der geachteten Gesellschaft Naturforschender Freunde zu Berlin und der Königlichen Akademie der Arzneigelehrsamkeit zu Madrid, und am 9. Januar 1777 wurde er in die Royal Society zu London aufgenommen. Die berühmtesten Mitglieder dieser erlauchten Akademie hatten für ihn gebürgt. Die schwedische Akademie der Wissenschaften druckte 1777 seine erste botanische Untersuchung *»Gentiana saxosa, en obekant ört infrån Nya Zeeland, uptäckt och beskrifven af Georg Forster«* (1777, dt. G.s., ein unbekanntes Gewächs aus Neuseeland. Entdeckt und beschrieben von G. F., 1782).

Kurz nach Abschluß seiner Arbeiten an den Weltreiseausgaben, am 2. Oktober 1777, unternimmt Forster eine vierte, zwar nur rund 8 Wochen dauernde, aber für ihn recht bedeutsame Reise. Er sollte in Paris einen Verleger für eine französische Ausgabe der »Voyage round the World« gewinnen und durch Verkauf von Südseeobjekten Geld lösen. Das erste mißlang, Geräte aus der Südsee erwarb der Großherzog von Toskana. Aber der innere Gewinn der Reise war erheblich, das zeigen schon die wenigen Seiten eines Journals dieser Reise (von der Überfahrt nach Dieppe, der Fahrt durch die Normandie, den drei ersten Tagen in Paris). Paris war für den Weltumsegler, der bei der Überfahrt über den Kanal seekrank wurde, ein neues erregendes Erlebnis, das er mit den kritischen Augen eines Engländers aufnahm. Er trat dort in die Freimaurerloge »Les Neuf Soeurs« ein, nachdem sein Vater sich bereits um 1767 in Warrington den Freimaurern angeschlossen hatte. Er lernte den bedeutenden Naturwissenschaftler Comte de Buffon kennen, dessen meisterhafte Darstellungsart Forster begeisterte und dem er eine Südseepflanzensammlung überreichte (heute im Jardin des plantes, Paris), dessen Mitarbeiter D'Aubenton, den Physiker Le Roy, den Chemiker und Mineralogen Sage und Benjamin Franklin, der sich wegen des Abschlusses eines Bündnisses der befreiten Vereinigten Staaten mit Frankreich in Paris aufhielt und der für den Besucher *the venerable philosopher of the Western World* war. Forster, als Wahlengländer zunächst im Amerikanischen Unabhängigkeitskrieg auf Englands Seite stehend, hatte im Laufe der Kämpfe sich immer mehr den Aufständischen zugewandt und im Februar 1777 eindeutig für die »sogenannten Rebellen« Partei ergriffen, die einen »guten Kampf« führten (W 4, 4, 48). Rund fünfzehn Jahre später widmete er Franklin ein sympathisierendes Essay, in dem noch das Erlebnis der persönlichen Begegnung nachschwingt. Forster hatte bereits bei aller Anerkennung für die englische Demokratie und deren Leistungen ein kritisches Verhältnis zu England gewonnen.

Soweit er nicht durch die zahlreichen deutschen Londonbesucher unterschiedlicher Interessen, mit denen die Forster bekannt wurden (z. B. L. Fr. Franz Fürst von Anhalt-Dessau mit Erdmannsdorff und Raumer, Archenholtz, Bahrdt, Graf von Dönhoff, Hausmann, Lichtenberg, Scheffler, Schlieffen, Sömmerring, Spener, Strzecky, Titius, Vollpracht), über Deutschland unterrichtet wurde, suchte er sich durch die Korrespondenz mit deutschen Freunden über die dortigen Verhältnisse zu orientieren, besonders über die belletristischen Neuerscheinungen auf dem laufenden zu halten. Er verfolgte regelmäßig Wielands »Teutschen Merkur« und Boies »Deutsches Museum«, ihn begeisterten Klopstocks »Oden« (1771) und »Messias« (4. Bd. 1773), Goethes »Werther« (1774) und Wielands Verserzählung »Der neue Amadis« (1771), er las Goethes »Götz von Berlichingen« (1773), Lenzens »Soldaten« (1776), Wezels »Belphegor« (1776), von Hallers »Usong« (1771), Claudius' »Wandsbecker Boten« (1775) und beschäftigte sich mit Schriften von Maler Müller, Engel, Bertuch, Schink, Blum, Hermes, Nicolai, Herder, weiter mit deutschen geographischen Werken und Sulzers »Allgemeiner Theorie der schönen Künste« (1771–74).

Es ist bewundernswert, daß er neben dieser Lektüre und der englischer wissenschaftlicher und belletristischer Werke noch Zeit fand, mit der Abfassung von Rezensionen in der Zeitschrift »Critical Review« zu debütieren (zumindest zwei anonyme sind als Forsters Arbeiten belegt) und an den Londoner Theaterereignissen Anteil zu nehmen, über die er seinen deutschen Freunden berichtet. Schließlich verfaßte er auch für seines Vaters »Observations« das umfangreiche 5. Kapitel *»Organic bodies«*. Als letzte Arbeit in England beschrieb er in Speners Auftrag das *»Leben Dr. Wilhelm Dodds«*, des wegen Wechselfälschung gehängten Londoner Hofpredigers, dessen Buch »The Beauties of Shakespeare« (1752) in Deutschland eine starke Wirkung gehabt hatte.

Schriften Forsters:
Characteres generum plantarum, quas in itinere ad insulas maris australis collegerunt, descripserunt, delinearunt annis MDCCLXXII–MDCCLXXV Joannes Reinoldus Forster [...] et Georgius Forster. (dt.: Johann Reinhold Forster's [...] und Georg Forster's Beschreibungen der Gattungen von Pflanzen, auf einer Reise nach den Inseln der Süd-See gesammelt, beschrieben und abgezeichnet, während den Jahren 1772 bis 1775. Aus dem Lat. übers. durch Johann Simon Kerner [...] Stuttgart: C. C. Mäntler 1778. 160 S. 18 Taf.).

Entstanden: Herbst/Winter 1775
Erstdruck: Londini: White; Cadell; Elmsly 1776 X, VIII, 150 S., 78 Kupfertaf. 4°

A Voyage round the World, in His Britannic Majesty's Sloop, Resolution, commanded by Capt. James Cook, during the Years 1772, 3, 4 and 5. Vol. 1.2.
Entstanden: Sommer 1776/ März 1777
Erstdruck: London: B. White, J. Robson, P. Elmsly, G. Robinson 1777. XVIII S., 1 Bl., 602 S., 1 Bl.; 2 Bl., 607 S. 4°. Mit 1 Faltkte.
h. k. Neudruck: AA 1

Reply to Mr. Wales' Remarks.
Abgeschlossen: 21. Febr. 1778
Erstdruck: London: B. White, J. Robson, R. Elmsly 1778. 53 S. 4°
h. k. Neudruck: AA 4, 7–48

Georg Forsters Antwort an die Göttingischen Recensenten.
Entstanden: Anfang Apr. 1778
Erstdruck: Göttingen: Dieterich 1778. 15 S.
h. k. Neudruck: AA 4, 49–60

A Letter to the Right Honourable the Earl of Sandwich, First Lord Commissioner of the Board of Admiralty, etc.
Abgeschlossen: 20. Mai 1778
Erstdruck: London: G. Robinson 1778. 1 Bl., II, 25, 6 S. 4°
h. k. Neudruck: AA 4, 61–90

Johann Reinhold Forster's [...] *Reise um die Welt während den Jahren 1772 bis 1775 in dem von Seiner itztregierenden Großbrittannischen Majestät auf Entdeckungen ausgeschickten und durch den Capitain Cook geführten Schiffe the Resolution unternommen.* Beschrieben und herausgegeben von dessen Sohn und Reisegefährten George Forster [...] Vom Verfasser selbst aus dem Englischen übersetzt, mit dem Wesentlichsten aus des Capitain Cooks Tagebüchern und andern Zusätzen für den deutschen Leser vermehrt und durch Kupfer erläutert.
Entstanden: Herbst 1776 bis 2. Sept. 1777
Erstdruck: Bd. 1. Berlin: Haude und Spener 1778. 17 Bl., 451 S., 7 Kupfertaf., 1 Faltkte. 4°
Bd. 2. Berlin: Haude und Spener 1780. 2 Bl., 467 S., 1 Bl., 4 Kupfertaf.
h. k. Neudruck: AA 2 u. 3

Leben Dr. Wilhelm Dodds, ehemaligen Königl. Hofpredigers in London.
Entstanden: Erste Septemberhälfte 1777
Erstdruck: Berlin: Haude und Spener 1779. 2 Bl., 134 S. Mit 1 Kupfertaf. (Dodds Porträt, gest. von D. Berger)
h. k. Neudruck: AA 8, 7 – 64

Reise von London nach Paris 1777.
Entstanden: 2.–9. Okt. 1777
Erstdruck: Georg Forsters Tagebücher. Hrsg. von P. Zincke u. A. Leitzmann. Berlin 1917. S. 4–27
h. k. Neudruck: AA 12, 3–19

Sekundärliteratur:
Englandaufenthalt/Weltreise

Gerhard *Steiner:* Der junge Forster in England. Zu einem bisher unbekannten Briefwechsel. Zs. f. dt. Literaturgesch. (Weimarer Beitr.) 4, 1959, S. 527–561.

Joseph Stuart *Gordon:* Reinhold und Georg Forster in England. Duke university, Ph. D., 1975, History, modern. 399 S.

Michael E. *Hoare:* The Contribution of J. R. and G. Forster to the Literature of Cook's Second Voyage, 1722–1775. Diss. Monash University (Clayton, Victoria) [1966] 199, XX 4 Bl. [Maschinenschr.].

J. C. *Beaglehole:* The Journals of Captain James Cook on his voyages of discovery. Ed. from the original manuscripts. Vol. 2: The voyage of the Resolution and Adventure 1772–1775. Cambridge 1961.

Uwe *Japp:* Aufgeklärtes Europa und natürliche Südsee. Georg Forsters »Reise um die Welt«. In: Reise und Utopie. Zur Literatur der Spätaufklärung. (edition suhrkamp 766) Frankfurt a. M. 1976, S. 10–56.

Forsters Zeichnungen:

Verzeichnis von G. Forster's Icones plantarum in itinere ad insulas maris australis collectarum. Zusammengest. u. erl. von F[erdinand] von Herder. St. Petersburg 1885. 26 S.

Tom *Iredale:* J. R. & G. Forster, Naturalists. In: The Emu 37 (1937), S. 95–99.

P. J. P. *Whitehead:* Zoological Specimens from Captain Cook's Voyages. In: Journal Soc. Bibliogr. nat. Hist. 5(3), (1969).

Vögel der Südsee. 25 Gouachen und Aquarelle nach Zeichnungen Georg Forsters, entstanden während seiner Weltumseglung 1772 bis 1775. Hrsg. u. erl. von Gerhard *Steiner* u. Ludwig *Baege.* Leipzig: Insel-Verlag Anton Rippenberg 1971.

Frankreichaufenthalt:

Robert L. *Kahn:* Georg Forster and Benjamin Franklin. Proceedings of the American Philosophical Society, 162, 1958, Nr. 1, S. 1–6.

3. Landung in Deutschland / Kassel
Ende Nov. 1778 – 22. Apr. 1784

Wiederum waren es die Bedürfnisse der Familie, die Forster auf eine neue »Entdeckungsreise« führten: nach Deutschland. Er sollte versuchen, für seinen in Schulden geratenen und durch die englischen Verhältnisse enttäuschten Vater eine Stelle zu suchen, für seine ursprünglich dem englischen König zugedachten wertvollen »ausgemalten Zeichnungen« von der Südseereise einen Abnehmer zu gewinnen oder anderswie Hilfe zu finden. Das Deutschland, das Forster Ende November 1778 zum ersten Male betrat, war für ihn trotz aller Information, die er erhalten hatte, Neuland.

Es war in 296 geistliche und weltliche Territorien und zahlreiche Reichsstädte zersplittert, von vielen Zollgrenzen durchzogen. Das feudalabsolutistische System stand im Widerstreit mit den Bestrebungen des Bürgertums nach Entwicklung der Manufaktur und gesteigertem Handel. Gewann auch die kapitalistische Produktionsweise langsam an Boden, und drängte in der Landwirtschaft die allgemeine ökonomische Entwicklung stärker zur Aufhebung der Leibeigenschaft, so war Deutschland gegenüber England und Westeuropa wirtschaftlich zurückgeblieben. Als Fanal der bürgerlichen Emanzipationsbestrebungen begannen sich eine bürgerliche Nationalliteratur und eine bürgerliche Wissenschaft zu entwickeln; die deutschen Schriftsteller und Gelehrten konnten aber fast nur im Dienste der Feudalherren eine meist karge wirtschaftliche Existenz gründen.

Die weltweite Schule, die Georg Forster durchlaufen hatte, besonders aber die Eindrücke und Kritik des politischen Lebens in Rußland, England und Frankreich, befähigten ihn immer mehr, im Vergleich zu den meisten seiner Zeitgenossen, größere Zusammenhänge zu erkennen und schließlich ein starkes bürgerliches Bewußtsein in sich zu entwickeln, das die Emanzipationsbestrebungen des deutschen Bürgertums besonders intensiv aufnahm und ihnen in verschiedenen Richtungen Ausdruck gab.

Mit seinen Sorgen um die Familie, mit seiner niederdrückenden Mission, bei den Machthabern Deutschlands für seinen Vater zu betteln, bei dem Bedürfnis, sich in einer ihm zunächst fremden Welt einzuleben, suchte er geselligen Anschluß. Er fand ihn schon auf der ersten Station seiner Reise, in Düsseldorf, im Hause des Philosophen und Schriftstellers Jacobi, der mit den bedeutendsten Männern der Zeit wie Lessing, Klopstock, Wieland und Goethe befreundet war und nun Einfluß auf Forster gewann. Von Hause aus religiös erzogen, suchte Forster jetzt in dem Kreis um Jacobi – er lernte den Minister von Fürstenberg und Fürstin Gallitzin kennen – nach einem sittlich-geistigen Halt, nach einer religiös fundierten Ethik und Erkenntnislehre. Von Düsseldorf reiste Forster nach Kassel, der französisierten Residenz des prunkliebenden Landgrafen Friedrich II., der durch den Soldatenhandel berüchtigt war. Die dort freie Stelle des Professors für Naturgeschichte am Collegium Carolinum kam nicht für seinen Vater in Frage, er erhielt sie selbst; die 450 Taler im Jahr hätte man einem Familienvater nicht anbieten können. Des jungen Weltreisenden Ruhm sollte die Residenz des kleinen Sonnenkönigs schmücken.

Noch war dem Vater und der Familie nicht geholfen, aber ein Urlaub ermöglichte Forster die Fortsetzung seiner Bettelreise durch die deutschen Länder, die aber zu einer Triumphfahrt des liebenswürdigen, kontaktfreudigen Weltreisenden wurde. In Göttingen hatte er die für sein weiteres Leben bedeutsamsten, in Braunschweig und

Dessau die einträglichsten Begegnungen, auch in Berlin hatte er Erfolg. In der hannoverischen Universitätsstadt lernte er alle bedeutenden Professoren, vor allem den Altertumswissenschaftler Heyne kennen, dessen fünfzehnjährige Tochter Therese ihn auf sich aufmerksam machte, und er erneuerte die Londoner Bekanntschaft mit dem Physiker Lichtenberg, bei dem er logierte. In Braunschweig besuchte er Lessing und vertraute dem Herzog Ferdinand nicht erfolglos die Notlage seiner Familie an: Der Herzog schickte vorerst 100 Pfund nach London und brachte außerdem als Großmeister der deutschen Freimaurer für den Londoner Bruder eine größere Summe zusammen, so daß J. R. Forster von seiner Schuldenlast befreit wurde. Fünf Wochen blieb Forster in Berlin. Dort warb er um eine Anstellung seines Vaters in Preußen bei dem Kultusminister von Zedlitz, die J. R. Forster schließlich auch – mit der Fürsprache des Großmeisters – als Professor der Naturkunde und Mineralogie in Halle erhielt, wo er von 1780 bis zu seinem Tode wirkte. Das Berlin der Nicolai, Engel, Biester, Spalding und Sulzer fand Forster anregend und heiter, aber die »Perückenstöcke« (W 4, 4, 111), denen er auf den Einladungen in 65 verschiedenen Häusern begegnete, gaben ihm ein abstoßendes Bild von der Berliner Gesellschaft, deren närrische Vergötterung des Königs, dem immerhin Forsters deutsche Weltreisebeschreibung gewidmet worden war, er besonders verabscheute. Über Potsdam und Klosterbergen bei Magdeburg kam Forster an den Anhalt-Dessauer Hof. Der bürgerlich-aufklärerische Fürst, der 1775 mit seiner Gattin die Forsters in London besucht und von ihnen eine Polynesien-Sammlung und eine Weltkarte mit der von Georg Forster eingezeichneten Route der Erdumseglung als Geschenk erhalten hatte (heute in Wörlitz), überreichte Forster 100 Louisdor. Der Frühklassizismus des erst vor 6 Jahren von Erdmannsdorf fertiggestellten Wörlitzer Schlosses und der erste in englischem Stil angelegte deutsche Landschaftspark in Wörlitz entsprachen Forsters Geschmack.

In Kassel trat Forster in die damals blühende Freimaurerloge von der strikten Observanz »Zum gekrönten Löwen« ein, in der er sich von 1782 an als »Redner« auszeichnete, und schloß sich mit seinem bereits in England gewonnenen, auf sein Betreiben im Sommer 1779 als Mediziner ans Carolinum berufenen Freund Sömmerring dem theosophisch-alchemistischen Zirkel der Gold- und Rosenkreuzer an. Dazu veranlaßte ihn gewiß mehr als die dort gepflogene metaphysische Schwärmerei eine starke Neigung zu Experimenten im Vorfeld der Chemie. Geisterglauben und Bigotterie wurden im Laufe der Kasseler Jahre durch geistige Betätigungen und rationalistische Einflüsse überwunden. Dazu gehört die fortgesetzte Beschäftigung mit der deutschen Literatur der Aufklärung - er begann einmal, Lessings »Nathan« ins Englische zu übersetzen - und des Sturm und Drang - aus einer Begegnung mit Goethe und Herzog Carl August entwickelte sich ein Briefwechsel mit dem Dichter -, die theoretische und praktische Bearbeitung naturwissenschaftlicher und geographischer Fragen, die anregenden, aufmunternden Besuche im bürgerlich-aufgeklärten Göttingen bei Heyne und Lichtenberg. Mit dem Physiker stellte man Versuche »mit einem Kubus brennbarer Luft« an, der sich in die Höhe hätte heben können, wenn man für seine Hülle einen luftundurchlässigen Firnis gehabt hätte, mit ihm begründete Forster ein *»Göttingisches Magazin der Wissenschaften und Literatur«* (1780-85).

Er selbst lieferte dafür bis 1783 zehn Artikel, von denen die wichtigsten der über *»O-Tahiti«* (1780), die *»Beschreibung des rothen Baumläufers von der Insel O-Waihi«* (1781), die *»Fragmente über Capitain Cooks letzte Reise und sein Ende«* (1781) und der Bericht *»Ein Versuch mit dephlogistisirter Luft«* (1782) sind. Eine enge und immer intimere Zusammenarbeit mit Heyne, dem Redakteur der »Göttingischen Anzeigen von gelehrten Sachen« ergab sich durch die 27 z. T. umfangreichen Rezensionen vorwiegend geographisch-reisekundlicher Schriften, die Forster von 1781 bis 1784 für das bedeutende Referatenblatt schrieb.

Immer noch stehen im Vordergrund seiner schriftstellerischen Arbeit die durch die Weltreise angeregten Interessen. Von seines Vaters »Observations« (s. Kap. II, 2, S. 16) lieferte er unter dem Titel *»Johann Reinhold Forsters's... Bemerkungen über Gegenstände der physischen Erdbeschreibung, Naturgeschichte und sittlichen Philosophie auf seiner Reise um die Welt gesammlet«* (1783) nicht etwa eine bloße Übersetzung, sondern eine Neubearbeitung, deren sämtliche Kapitel er durch nützliche aktualisierende Anmerkungen bereicherte. Seines Reisegefährten und Freundes Sparrmans Reisebeschreibungen der Jahre 1772 bis 1776 gab Forster 1784 mit einer Vorrede heraus. Mit der Veröffentlichung der *»Beyträge zur Kentniß Grosbritanniens vom Jahr 1779«* (1780, »aus der Handschrift eines Ungenannten«, d. i. der deutsch-englische Prediger und Schriftsteller Wendeborn) führt Forster ein Thema fort, das sich mit dem »Leben Dr. Wilhelm Dodds« angebahnt hatte und das er immer wieder aufgriff: das Phänomen England zu beleuchten. Für Forsters schriftstellerische und wissenschaftliche Entwicklung von weit größerer Bedeutung ist die durch seine »mit Vermehrungen« versehene Übersetzung aus Buffons »Histoire naturelle« (*»Herrn von Büffons Naturgeschichte der vierfüßigen Thiere«* (1780) angeregte intensive Hinwendung zu den Fragen der Zielrichtung und Methode naturwissenschaftlicher Forschung. Davon zeugen vor allem drei Arbeiten: die Vorlesung *»Ein Blick in das Ganze der Natur«*, der Vortrag (vor der Société des Antiquités gehalten) *»De la Félicité des Etres physiques«* und die Schrift *»Vom Brodbaum«*. Wenn man zu diesen Arbeiten, die hier keineswegs vollständig angeführt sind, noch die weiteren Reden wie die *»Ueber die Pygmäen«* (1784 in den »Hessischen Beiträgen zur Gelehrsamkeit und Kunst«) hinzunimmt, die Forster in der von Winckelmann angeregten und Landgraf Friedrich Wilhelm II. gestifteten »Société des Antiquités de Cassel« hielt, deren Ehrenmitglied Forster bereits 1778 geworden war - im gleichen Jahre erhielt er die Mitgliedschaft der Kgl. Dänischen Gesellschaft der Wissenschaften zu Kopenhagen -, dann steht ein beträchtliches Haben an wissenschaftlich-schriftstellerischem Fortschreiten dem Rosenkreuzerokkultismus gegenüber. Weitere Anerkennungen blieben nicht aus: Es erhoben ihn die Römisch-Kaiserliche Akademie der Naturforscher (Leopoldina) 1780, die Hessen-Kasselsche Gesellschaft des Ackerbaus und der Künste zu Kassel 1781 und die Kgl. und Kurfürstl. Landwirtschaftsgesellschaft zu Celle 1783 zu ihrem Mitglied. Forster war nicht mehr nur der durch seine Weltreiseerlebnisse interessante junge Mann, er hatte sich bereits den Weg zu allgemeiner Anerkennung als Gelehrter gebahnt.

Bei seiner weiteren Arbeit ging es ihm nicht um die Aufbereitung des gesammelten interdisziplinären Faktenmaterials, sondern darum, dies als Grundlage für ein modernes Weltbild zu benutzen. Waren es doch gerade die naturwissenschaftlichen Gebiete im weitesten Sinne, die schon lange begonnen hatten, ihre Bedeutung für einen lebens- und menschheitsfördernden Erkenntnisgewinn zu erweisen, und in denen noch unabsehbare Schätze beschlossen lagen. Die Naturwissenschaften schienen Forster auch geeignet, am ehesten eine unabdingbare Voraussetzung für eine neue Anschauung von Natur und Leben zu erfüllen: die Wahrheitsfindung, wobei er unter Wahrheit das richtige »Verhältnis der Dinge untereinander und zu uns« verstand. Dabei war Forster um eine Vereinigung aller Wissenschaften zur Erschließung der Natur bemüht und bestrebt, die neue, mit der »Reise um die Welt« begründete verknüpfende und vergleichende Betrachtungsweise weiter zu entwickeln. Das Ziel war eine »Philosophie des Lebens«, die Lebenshilfe für eine sowohl ökonomisch-technisch als auch sittlich-kulturell aufsteigende bürgerliche Gesellschaft sein sollte. Die Überzeugung vom Zusammenhang aller Naturerscheinungen kommt schon im Titel der Schrift »Ein Blick in das Ganze der Natur« zum Ausdruck, die wohl die Einleitung seiner naturgeschichtlichen Vorlesungen am Carolinum ist. Hier unterstreicht Forster, warum er die Naturkunde - so wie er sie versteht - als Thema zur Lösung zentraler Probleme der Menschheit gewählt hat: »Die echte Naturkunde in ihrem ganzen Umfange verdient aber billig das Lob der Gemeinnützigkeit«. Sich weitgehend an die poetisch-kraftvollen Texte Buffons anschließend, die seinem wissenschaftlichen Enthusiasmus völlig entsprechen, und in Anlehnung an Haller und Klopstock erläutert er die Allgegenwart und die fundamentale Wirkungsmöglichkeit, gleichsam die Humanität der naturwissenschaftlichen Betätigung. Ist einerseits die Verengung des Blickes auf nur eine Wissenschaft geradezu eine Sünde, da jede Disziplin »nur in Verbindung mit den anderen das Glück der Menschheit befördert« und das »Wachstum des *nützlichen* Wissens« bewirkt, so ist andererseits Polyhistorie, die nicht das »Ganze der Natur« als ein auf den Menschen bezogenes Erforschungs- und Wirkungssystem vor Augen hat, vom Übel. Forster verwirft die tote lexikalische Gedächtnisanreicherung, »welche die Urteils- und Anschauungskräfte entnervt«, das leere »Gewäsch von Namensverzeichnissen, Kunstwörtern und Systemen«, wettert gegen die »Naturalienmäkler«.

Im »Blick in das Ganze der Natur« zeigen sich weltanschauliche Widersprüche, wie sie schon der »Reise um die Welt« eigen waren. Neben deistisch-pantheistischen und theologischen Vorstellungen, der vitalistischen und bis in das 20. Jh. hinein vertretenen Annahme von »Lebenskräften«, die sich in allen organischen Körpern befänden, stehen Betrachtungen, die innerhalb einer idealistischen Grundeinstellung eine materialistische Anschauung vorbereiten. Besonders beachtlich ist neben dem Gedanken vom Zusammenhang aller Naturerscheinungen die Ansicht von dem dynamischen, dialektischen Charakter der Natur. Zu ihrem Wesen gehören die »Abwechselungen von Tod und Leben, diese Gesetze des Wachstums und Ersterbens«; auf dem fortwährenden Ausgleich der widerstrebenden Kräfte und in ihrer Wechselwirkung beruhen der Bestand der Dinge und die »Harmonie im Weltall«. Wenn auch das einzelne vergänglich ist, sich alles im Prozeß des Werdens und Vergehens befindet, im Großen ist die Natur, worunter das Wirken der unabänderlichen Naturgesetze verstanden werden kann, doch beständig: »Das Ganze dieser Maschine ist fest; alle ihre Teile sind beweglich«. Diese Gedanken werden in der am 16. Febr. 1782 gehaltenen Rede »De la Félicité des Etres physiques« auf die Existenzform der Lebewesen angewendet. Diese behaupten sich nur durch einen fortgesetzten Ausgleich widerstrebender Kräfte: des Organischen und des Anorganischen, und unterliegen dem Zwang, beides unter immer neuen Bedingungen vereinigen zu müssen (»union par contrainte«). Sie können nur durch eine ständige Synthese des Widerstreits zwischen Lebenskraft des Organischen und anorganischer Materie bestehen. Aus dieser Vereinigung resultieren sowohl die in dem Vortrag »Über das Ganze der Natur« genannte Lebenskraft der Lebewesen, die sich als Bildungstrieb auswirkt, »welcher sich die Elemente aneignet und nach ihrer jedesmaligen Beschaffenheit bildet«, als auch die Freuden des Bestehens gegenüber der Materie, die sich zu höchstem Glück steigern können, und die Kümmernisse des Unterliegens, die zu Krankheit und Tod führen. Eine weise Ökonomie der Natur liege in dem Kampf der entgegengesetzten Kräfte bei ständiger Selbstbehauptung des Organischen. Die Hypothese einer besonderen Lebenskraft in den Organismen, die sich den materiellen Elementen entgegensetzt und die von Alexander von Humboldt noch 1794 vertreten wird, sieht Forster als eine Hilfsvorstellung an. Er kennzeichnet in seiner Rede das sich in einem Widerspruch vollziehende Wirken der »Lebenskraft« dadurch, daß er sagt, sie leiste für ihre fortwährende Zersetzung Ersatz und arbeite zugleich unmerklich an der endlichen Auflösung des Körpers, den sie dirigiere. Doch lassen zugleich die operativen Kräfte der Natur neue, die überalterten ersetzenden Generationen in verschwenderischer Freigebigkeit entstehen. Das Wohlbehagen des Menschen sei also um so größer, je unbehinderter sich seine Lebensfunktionen vollziehen können. Diese These hat für Forster zwei humanistische Aspekte. Erstens folgert er daraus, daß Tätigkeit zum Glücksempfinden unerläßlich ist, und er sieht die Arbeit in der Landwirtschaft und Manufaktur als besonders wichtige Bereiche für befriedigendes Handeln an. Zweitens ergibt sich daraus die politische Notwendigkeit, den Menschen in den Genuß des Tätigseins kommen zu lassen und ihre Tätigkeitslust nicht durch Unterdrückung einzuschränken. In Landwirtschaft und Industrie brauchte es keine leidenden Menschen zu geben, »es sei denn unter gleichgültigen und zügellosen Regierungen, und dann nur, weil diese entweder die Mittel, ihre Untertanen zu beschäftigen, vernachlässigen und überall die tödliche Langeweile des Müßiggangs herrschen lassen oder weil sie, da sie deren Joch zu schwer gemacht haben, sie bis zu einer solchen Erschöpfung ausgebeutet haben, daß sie nicht mehr in der Lage sind, ihren augenblicklichen als auch künftigen Bedürfnissen zu entsprechen«. Durch die Tätigkeit entwickeln sich die geistigen Kräfte, erweitern sich die Möglichkeiten des Glückempfindens und vervollkommnet sich die Menschheit. »Wieviel fehlt doch noch daran, bis das Genie der Gesetzgeber es dahin gebracht hat, diese Unermeßlichkeit intellektueller Kräfte zu entwickeln, die im Schoße ihrer Mitbürger ruhen? [...] Wurde die Arbeitermasse (›la multitude ouvrière‹) nicht schon immer ihrem Schicksal überlassen? Wurden nicht eine große Anzahl von Individuen, die die Fähigkeiten zum Aufstieg zu den höchsten

Stufen der Vollendung besaßen, auf ewig mit der großen Masse verschmolzen und damit zur mechanischen Handhabung des Pflugs und der Spindel verurteilt?« Ein Trost in dieser Situation sei die göttliche Stimme im Herzen des Menschen. Die Weltbarmherzigkeit (»charité universelle«), die Grundlage aller Tugenden, überbrücke die im Wesen der Gesellschaften begründeten Unvollkommenheiten. Forster hält gesellschaftliche Lösungswege für notwendig, hat sich aber noch nicht völlig von der idealistischen Humanitätsideologie gelöst, die solche nicht anzubieten hat.

Er spricht in diesen Vorträgen, die die Idee der Einheit der gesamten anorganischen und organischen Welt und die Betonung des Einflusses der anorganischen Umwelt und »Mitwelt« auf die Organismen in den Vordergrund stellen, nicht von der Entwicklung der Natur. Wohl bildet den Schluß seines Vortrages »Ein Blick in das Ganze der Natur« ein Loblied auf die Möglichkeiten des Menschen, die Natur umzugestalten und ihre Reichtümer im allgemeinen Interesse zu vermehren: Er entwirft das Bild einer in Frieden vereinten Menschheit, die ihre naturbeherrschenden Kräfte zu herrlichen Wundern steigern kann. In diesen beiden Arbeiten vertritt Forster einen idealistischen Pantheismus, während metaphysische Positionen dialektischen zu weichen beginnen.

Aufschlußreich für Forsters pädagogische Ansichten in seiner Kasseler Zeit ist seine *»Rede bei dem Antritt des Prorectorats am Collegium Carolinum in Cassel«* (1784). Im deutlichen Anklang an Gedanken seines Vortrags »De la Félicité« fordert er eine »Vervollkommnung des Erziehungswesens«, in der die individuellen Anlagen keines Menschen in seinem Interesse und dem der Gesellschaft unausgebildet bleiben. Es sollte nicht mehr »das Schicksal des künftigen Mannes schon in der Wiege entschieden« sein, vielmehr sollten »die Talente des Jünglings ganz allein seine künftige Laufbahn bestimmen«. Den höchsten Genuß bereitet dem Menschen das Tagwerk, das seinem »System von Anlagen und Kräften«, dem »Lebendigsten« in ihm, entspricht. Dieses im Zögling zu entwickeln, verschaffe dem Lehrer die »vollkommenste Art des Seelengenusses«.

Seine Theorie einer nützlichen Naturgeschichte praktiziert Forster in seiner Schrift *»Vom Brodbaum«* (1784). Hier vereinigt er die empirische Methode mit der komparativen, um zu einer Gesamtdarstellung der Beziehungsbereiche seines Gegenstandes zu kommen. Er setzt nicht nur den Brotbaum in vergleichende Beziehung zu ähnlichen eßbaren Pflanzen, sondern sucht auch zu erfassen, welche Fäden den naturkundlichen Gegenstand z. B. mit geographischen, meteorologischen, ethnographischen, siedlungskundlichen, historischen und wirtschaftlichen Faktoren verknüpfen. Denn es geht Forster um die Untersuchung allseitiger Zusammenhänge, um das Aufspüren der mannigfaltigen Umwelteinflüsse und um die Wirkungen, die von dem Gegenstand auf die sehr weit gefaßte Umwelt ausgeübt werden oder werden könnten. Der kühne Bogen seiner Erörterungen reicht von der Naturgeschichte der Brotfrucht bis zu der Situation des »unglücklichen Negersklaven«, der »nur am siebenten Tage der Woche für seinen kümmerlichen Unterhalt sorgen darf«. Forster will großflächige naturkundliche Untersuchungen unmittelbar in den Dienst des Menschen stellen, sie - weit entfernt von aller abstrakten Spekulation und der Ansicht, daß die Wissenschaft Selbstzweck sei - humanistischen Zielen unterordnen. »Die Geschichte der Erzeugnisse des Erdbodens ist tief und innig in die Schicksale der Menschen und in den ganzen Umfang ihrer Empfindungen, Gedanken und Handlungen verwebt«. Im besonderen Fall des Brotbaums beweist er, daß dabei verschiedenartige wissenschaftliche Arbeitsweisen zur Geltung kommen können: Er schließt sich eng an Buffons Methoden an, zeigt aber auch, daß das Linnésche Gliedern und Ordnen, seine Klassifikation nach der binären Nomenklatur, seine Terminologie und Bestimmungsmethode, immer noch und weiterhin ihre Bedeutung haben, wenn auch nicht als methodisches Grundprinzip, so doch als Hilfsmittel innerhalb einer neuen, ganzheitlichen Methode. Denn »die Kenntnis der Verbindung, worin wir mit den Gegenständen der Körperwelt stehen, beruht auf einer genauen Kenntnis dieser Gegenstände selbst«. Die subtile Beschreibung der Spielarten des Brotbaums, die der zweite Teil der Forsterschen Arbeit enthält, ist wichtig, hat man die Verpflanzung, Züchtung und Kultur dieser nicht allein ihrer Früchte wegen wertvollen Pflanze im Interesse vor allem der Urbevölkerung der Verbreitungsgebiete im Auge.

Solche Forschungen und Denkergebnisse entfernten Forster immer weiter von seiner Rosenkreuzer-Schwärmerei. Schließlich glaubte er zu erkennen, daß er von den Oberen des Ordens für Ziele mißbraucht wird, die er nicht billigen kann, und trat Ende 1783 aus dem Zirkel aus. Da auch seine berufliche Stellung unbefriedigend war und das Milieu der duodezfürstlichen Residenz mit ihrer Enge und einer anmaßenden und geistlosen Hofgesellschaft immer unerträglicher wurde, da er ferner der Rache der Rosenkreuzer entgehen wollte, nahm er im Sommer 1784 einen Ruf an die damals polnische Universität im litauischen Wilna (Vilnius) an, zu der ein Jesuitenkolleg umgestaltet worden war. Er verpflichtete sich, ohne die Verhältnisse dort genau beurteilen zu können, auf acht Jahre. Außerdem hatte er Schulden, und hier bot man ihm trotz seiner Jugend 400 Dukaten Gehalt, freie Wohnung, Geheimrats-Charakter und einen gehörigen Vorschuß. Es ist kennzeichnend für Forsters bisherigen Entwicklungsgang und für den Einfluß, den die Verhältnisse in England auf ihn ausgeübt hatten, daß ihn in Polen die Aufgabe reizte, »die Produkte des Landes, ihren ökonomischen, landwirtschaftlichen und medizinischen Nutzen, ihre Anwendung für Künste und Handwerke, Färberei, Manufakturen und Handel, ihre Verbesserung, leichteste Kulturmethode, Erhaltung und dergleichen zu studieren« (W 4, 4, 219). Durch seine Verhandlungen bekam er einen günstigen Eindruck von der 1773 gegründeten polnischen »Kommission für nationale Erziehung«, dem ersten Unterrichtsministerium Europas.

Am Ende seiner Kasseler Zeit wurde er sich einer weltanschaulichen Wandlung deutlich bewußt: In seinem Denken, schreibt er an Jacobis Schwester Helene, habe sich kürzlich eine Revolution vollzogen, die sehr zu seiner Zufriedenheit beitragen würde; er habe eine gute Portion Schwärmerei fahrenlassen und danke Gott, daß diese Entladung noch vor seinem zurückgelegten dreißigsten Jahr geschehe. Er könne nicht beschreiben, um wie vieles er sich dadurch in seinen gesellschaftlichen und bürgerlichen Pflichten gestärkt fühle; nun hoffe er erst, in Grundsätzen ein Mann und in ihrer Befolgung ein Mensch zu werden. Er kennt auch den Anstoß zu dieser geistigen Revolution: Herders vortreffliches Werk »Ideen zur Philosophie der Geschichte der Menschheit« (1784) habe, alle seine Mängel und Hypothesen abgerechnet, manches dazu beigetragen, ihn ins Geleis zurückzubringen (W 4, 4, 275 u. 322). Herder gehe auf dem rechten Wege der Erfahrung, und zwar der physischen, das sei der einzig mögliche.

Schriften Forsters:
Ein Blick in das Ganze der Natur. Einleitung zu Anfangsgründen der Thiergeschichte.
Entstanden: Vermutlich 1781
Erstdruck: K S 4, 1795
h. k. Neudruck: AA 8, 77-97

De la Félicité des Etres physiques. Discours, prononcé à l'assemblée extraordinaire de la Société, le 16 Février 1782.
Entstanden: Etwa 13.-15. Febr. 1782
Erstdruck: GA 5, 256-266 (1843)
h. k. Neudruck: AA 8, 98-107

Rede bei dem Antritt des Prorectorats am Collegium Carolinum in Cassel.
Entstanden: Dez. 1783
Erstdruck: GA 5, 217-224 (1843)
h. k. Neudruck: AA 8, 122-129

Vom Brodbaum
Entstanden: Sommer 1784
Erstdruck: [Kassel] 1784. 1 Bl. 47 S. Mit 2 Kupfertaf.
Neudruck: W 4, 2, 33-70

Sekundärliteratur:
Wolfgang *Rödel:* Forster und Lichtenberg. Ein Beitrag zum Problem dt. Intelligenz und Französische Revolution. Berlin 1960. 253 S. (Germanistische Studien).

4. Reise durch Mitteleuropa/ Universitätsprofessor in Polen 23. Apr. 1784 - Anfang Sept. 1787

Am 23. April 1784 verließ Forster Kassel, nachdem er sich kurz zuvor in Göttingen mit Therese Heyne verlobt hatte. Er fuhr nicht direkt nach Wilna, denn die polnische Erziehungskommission hatte ihm eine vor Antritt seiner Professur auszuführende Studienreise genehmigt. Über Forsters fünfmonatige Fahrt durch Mitteleuropa sind wir durch ein bis in Intimitäten aufschlußreiches Tagebuch unterrichtet. In ihm spiegelt sich sein Bemühen um Selbstverständnis und Selbstsicherheit, sein Suchen nach neuen Wegen der Entfaltung seiner Persönlichkeit ebenso wider wie die Anerkennung, die er allenthalben genoß, und die begeisterte Aufnahme, die er überall fand, Er fährt über Halle, wo er allein seiner Mutter seine Verlobung anvertraut, zum Harz, durch Thüringen und Sachsen, wo er die Bergwerke inspiziert, mit den Fachleuten spricht, sich über die technischen Einrichtungen, die Produktionsmethoden und die sozialen Verhältnisse unterrichtet, und bringt weiterführende Gedanken, eigene Überlegungen zu Papier. Er wird in Dresden von Anton Graff gemalt, mit Musikern und C. G. Körner bekannt. In Freiburg studiert er am intensivsten bei dem dortigen Lehrer der Mineralogie und Bergbaukunde Werner, der im Jahr darauf die Geognosie begründete und dessen Bedeutung Forster jetzt schon erkannte. Auf der Weiterreise durch Böhmen schildert er begeistert die Schönheit der Landschaft. In Prag, das ihm »einen prächtigen imposanten Anblick« gewährt, besucht er Bibliotheken, Laboratorien, wissenschaftliche Einrichtungen, Theater. Sieben aufmunternde Wochen verlebt er im sommerlichen Wien, knüpft - wie überall - Bekanntschaften mit Gelehrten, Künstlern, Schriftstellern, Staatsmännern; eine noch nicht erlebte kultivierte und anregende Geselligkeit bietet sich ihm bei wissenschaftlichen Gesprächen, Kunstbetrachtungen, Theaterbesuchen, Ausflügen und im Umgang mit reizvollen Wienerinnen. Forster genoß, was ihm dieser europäische Mittelpunkt der Kultur, der josefinischen Aufklärung und freier Urbanität bot. Höhepunkte menschlicher und weltanschaulich-wissenschaftlicher Kommunikation waren für Forster die Sitzungen und Bankette in den humanistisch-aufklärerischen Wiener Freimaurerlogen, vor allem in der bedeutendsten, der *»Loge zur wahren Eintracht«*. Es scheint, als ob sich Forster unter den Logenbrüdern besonders sicher vor den Nachstellungen der Rosenkreuzer fühlte, obwohl er - besonders in Warschau - feststellen mußte, daß zahlreiche Freimaurer dem Rosenkreuzer-Geheimbund angehörten. Ein Logengedicht von Blumauer, »Gesundheit auf Bruder Forster«, ist das erste der zahlreichen belletristischen Produkte, die Forster gewidmet sind. Auf einer Audienz bei Joseph II. parierte Forster geschickt die Ironie des Kaisers, mit dessen Reformversuchen er sich sieben Jahre später ausführlich auseinandersetzte. Der Kanzler Fürst von Kaunitz-Rietberg wollte Forster für Österreich gewinnen, aber er war verpflichtet und reiste am 16. Okober 1784 über Brünn (Brno), Krakau (Krakow), Warschau (Warszawa), Bialystok und Grodno nach Wilna. In Grodno, wo gerade der Reichstag tagte, wurde er wiederholt von dem König Stanisław II. August Poniatowski, dessen Intelligenz, Bildung und Menschlichkeit er schätzte, und von dessen Bruder, dem Primas von Polen und Leiter der Erziehungskommission, Michał Poniatowski ins Gespräch gezogen.

In Wilna erkannte Forster bald, daß ihm auch hier nicht eine befriedigende Tätigkeit beschieden sein würde. Den wenig besuchten Unterricht mußte er lateinisch halten, zu den meisten Professoren, die ehemalige Jesuiten waren, hatte er keine Beziehungen. Für diese Universität hätten sich kaum Schüler gefunden, würde man nicht den armen Adel hingezogen und unterhalten haben. Forster sah sich abseits der literarischen Welt, der er bisher zugehörte, und meinte, wenn er erst gegen Literatur gleichgültig würde, hätten die Jesuiten gewonnenes Spiel, und die Welt besäße einen unnützen Bewohner mehr. An dem »Göttingischen Magazin« konnte er nicht mehr verantwortlich mitarbeiten. Die Rezensionstätigkeit für die »Göttingischen Anzeigen« mußte er aussetzen. Die politischen und gesellschaftlichen Verhältnisse Polens, das seit seiner ersten Teilung 1773 verkleinert worden war, forderten seine scharfe Kritik heraus. »Unser Reichstag ist jetzt [Nov. 1786] in Warschau versammelt, und man zankt sich brav herum und tut nichts zur Sache. Der König hält schöne Reden, und sein Gegner sagt ihm die bittersten Wahrheiten ins Gesicht« (W 4, 4, 438). Das Land war ganz der Willkür der Grundherren ausgeliefert, die mit den wirtschaftlichen Machtmitteln zugleich die politische Macht besaßen. Diese Verhältnisse führten zu der rücksichtslosesten Form der Ausbeutung der vorwiegend bäuerlichen Bevölkerung; sie hemmten nicht nur den gesellschaftlichen Fortschritt und die bereits kräftig einsetzende Entwicklung des Bürgertums, sondern bewirkten auch, daß die polnischen Bauern auf einer tiefen Kulturstufe gehalten wurden.

Der Wilnaer Horizont klärte sich Forster erst dann etwas auf, als er nach einer heftigen Krankheit, die man als »Faulfieber« bezeichnete, im Sommer 1785 nach Göttingen fuhr, und im November dieses Jahres mit Therese Heyne, die er noch wenig kannte, als Ehegefährtin nach Wilna zurückkehrte. Er holte seine Braut im rechten Augenblick, denn sie war gerade in eine heftige Neigung zu dem Schriftsteller und Unterbibliothekar F. L. W. Meyer verstrickt. Therese schrieb später: Mitgefühl für die vereinzelte Lage, die ihn in dem öden Polen erwartete, Herzlichkeit, Jugendmut und Stolz spornten sie an, »mit dem berühmten Mann ein ernstes Schicksal zu teilen«, (B I, 36) und so habe sie Forster vor anderen Aussichten den Vorzug gegeben. Forster brachte ihr allezeit ein weit tieferes Gefühl entgegen als sie ihm. Die Hochzeitsreise führte über Kassel, Gotha, Weimar, Leipzig, Halle, Dessau, Potsdam, Berlin, Posen und Warschau nach Wilna. In Kassel empfingen das Ehepaar der Landgraf und der General von Schlieffen, in Weimar wurde es von Herder und von Goethe zusammen mit Herder, dessen Frau, Wieland und Amalie Seidler bewirtet; in Halle stellte Forster seine Frau den Eltern und Geschwistern vor und erwarb an der Universität die medizinische Doktorwürde mit einer Dissertation *»De plantis esculentis insularum oceani australis commentatio botanica«* (1786); er meinte als Arzt in Wilna einen Nebenverdienst haben zu können, den er aber nicht wahrnahm. (»Auf diese Praxis kann ich mich nicht eher ganz einlassen, bis es mein Gewissen erlaubt«. W 4, 4, 396). In Berlin war das Ehepaar bei Spener zu Gast, es wurde »aus einer Hand in die andere getragen«, Forster hatte vor allem Umgang mit Nicolai, Biester, seinem ehemaligen Kasseler Kollegen Dohm, nun preußischer Kriegsrat, und dem Pädagogen Gedike und wohnte »einer Gesellschaft der aufgeklärtesten Männer« Berlins bei (W 4, 4, 380).

In Wilna wurde am 10. Aug. 1786 Forsters erste Tochter, Therese, geboren. Forster erfreute sich dort eines häuslichen Glücks und der einzigen ungetrübten Zeit seiner Ehe. Seine Frau und er durchstreiften Wald und Gebüsch, die Vergnügungen der Wilnaer Gesellschaft meidend, lasen gemeinsam, z. B. den 2. Teil von Herders »Ideen zur Philosophie der Geschichte der Menschheit« (1785) - die Anthropologisierung der Philosophie durch Herder zog Forster immer mehr an - und Zimmermanns, des Hannoverschen Leibarztes, Buch »Von der Einsamkeit« (1784/85), das dem Autor kaiserliche Belohnung und einen jahrelangen Briefwechsel mit Katharina II. einbrachte.

Aber dennoch wuchs im Laufe der zwei nächsten Wilnaer Jahre Forsters Unzufriedenheit mit sich und seiner beruflichen Existenz. Die größte Unbequemlichkeit, schreibt er damals an Lichtenberg, die er empfinde, sei der Mangel an gelehrtem Umgang, an gelehrter Korrespondenz, an Neuigkeiten und Büchern. In der Forschungsarbeit kam er nicht vorwärts, da die polnische Regierung ihm nicht das versprochene naturwissenschaftliche Institut ausstattete, und er bekam zu spüren, daß in dieser Zeit ein Wissenschaftler, der nicht eigenes Vermögen besitzt oder dessen Frau nicht eine erhebliche Mitgift erhielt, mit einer Familie nicht leben kann und seine Kräfte in literarischen Brotarbeiten vergeuden muß. Außerdem war es ihm nicht gegeben, im Kleinen zu wirken, wenn er Größeres nicht erreichen konnte.

Um aus dieser Lage herauszukommen, griff er begeistert zu, als ihn 1787 die russische Regierung aufforderte, die wissenschaftliche Leitung einer vierjährigen russischen Weltumseglung mit Forschungen in der Südsee und im nördlichen Pazifik zu übernehmen. Das russische Angebot war außerordentlich großzügig. Es schloß eine lebenslange Versorgung, auch seiner Familie mit ein, selbstverständlich die Bezahlung seiner Schulden und die Auslösung aus seinem polnischen Vertrag. Er gab seine Stellung in Wilna auf und verließ »mit dem Entzücken eines freigelassenen Gefangenen« (B I, 48) Ende August 1787 mit seiner Familie Wilna, um in Deutschland die Expedition vielfältig vorzubereiten, den wissenschaftlichen Forschungsplan nach Korrespondenz mit Herder, J. R. Forster, Spener u. a. festzulegen, Hilfskräfte anzuheuern - Sömmerring sollte als Schiffsoberarzt mitreisen - und mancherlei Hilfsmittel zu besorgen.

Die schriftstellerische Ausbeute der zweidreiviertel Wilnaer Jahre war nach Quantität relativ gering, Forsters Arbeiten griffen aber immer tiefer in naturphilosophische Zeit- und Zukunftsprobleme hinein und gewannen immer mehr die Anerkennung der führenden Denker Deutschlands. Seine Wilnaer Antrittsvorlesung vom 2. Februar 1785 »*Limites historiae naturalis*« (KS 5, 173-208; 1796), seine Dissertation, seine botanische Arbeit »*Florulae insularum australium prodromus*« (1786) und eine von Forster aus der Handschrift des französischen Mineralogen Patrin im Sommer 1782 übersetzten Schrift »*Zweifel gegen die Entwicklungstheorie*« (1788) haben bemerkenswerte Vorworte. Der schon in Kassel gefaßte Plan, eine Naturgeschichte für die Jugend zu schreiben, nahm in Wilna genauere Konturen an - vielleicht ist sein »*Versuch einer Naturgeschichte des Menschen*« ein Entwurf dazu -, wurde aber nach 5 Jahren aufgegeben. Forster lag nicht das streng systematisch aufgebaute, weitestgehend objektiv darlegende Buch, ob er sich auch ein solches immer wieder vornahm. Er bevorzugte eine essayistische Schreibart, die nicht nur Dynamik der Gedankenbewegung darstellte und erzeugte, sondern damit auch dem Leser das Seine gab, indem sie sein eigenständig und frei sich entfaltendes Denken förderte und so zu seiner Mündigkeit und Emanzipation beitrug. Wie dies Jugendbuch gediehen ihm weder das Werk über die Menschenvarietäten, noch das Südseewerk, das alle Entdeckungen zusammenfassen und durchleuchten sollte, noch das Kompendium über die Praxis der Entdekkungsreisen, noch das Werk über Indien, bemerkenswerte Pläne, die jeweils die Heranziehung aller wissenschaftlichen Disziplinen vorsahen.

Indem Forster in seinen weiteren Wilnaer Schriften an die Gedanken und philosophische Betrachtungsweise der Kasseler Arbeiten anknüpfte und sich ohne systematisches Streben und ohne Scheu vor subjektiven Denkbekenntnissen äußerte, vervollkommnete er seine essayistische Darstellungsweise. Es war das Epochale an Forsters Leistung, daß er die Ergebnisse seiner neuen Methode der Erfahrungswissenschaften unmittelbar philosophisch, für die Erweiterung des Weltbildes der deutschen Klassik, auswertete. Er wußte aber auch, daß die Philosophie der Gefahr, sich gegen das Interesse des Menschen zu richten, nicht entgehen kann, wenn sie ihre Begriffe und Sätze nicht von gesichertem Faktenmaterial ableitet. Das sucht er in einem polemischen offenen Brief mit dem bescheidenen Titel *»Noch etwas über die Menschenraßen«* nachzuweisen. Hier behauptet er gegen eine Autorität wie Kant seine »auf Erfahrung und Tatsache, auf Wahrheit, nicht Spekulation« gegründete Forschungsmethode, weil nur sie ihm zur Beförderung der Humanität tauglich scheint. Kant hatte 1785 und 1786 in der »Berlinischen Monatsschrift« zwei Aufsätze veröffentlicht, nämlich »Bestimmung des Begriffs einer Menschenraße«, eine Entgegnung auf Herders »Ideen zur Geschichte der Menschheit«, und »Mutmaßlicher Anfang der Menschengeschichte«. Forster meinte, daß auch über Kant, der »ein so vortrefflicher Kopf« sei, »der verzweifelte Paroxismus, der den Philosophen von Profession eigen ist«, gekommen sei, nämlich »die Natur nach ihren logischen Distinktionen modeln zu wollen« (W 4, 4, 413). So griff er zum ersten Male in die deutsche philosophische Diskussion ein, nahm überhaupt erstmalig zur deutschen Literatur - im weiten Sinne des Begriffs - Stellung. Er wirft Kant vor, daß er bei seinen anthropologischen Untersuchungen zu allgemeinen Prinzipien übergehe, ohne zu beachten, daß er seine Abstraktionen auf eine unzulängliche Kenntnis der Tatsachen gründe. Hatte doch auch Herder zwischen »utopischdichterischen« und »philosophischnatürlichen Abstraktionen« unterschieden. Der Kantsche Satz, »daß man in der Erfahrung nur alsdann finde, was man bedarf, wenn man vorher weiß, wornach man suchen soll«, wird von Forster als »die gewöhnlichste aller Illusionen« bezeichnet und mit der Entgegnung abgetan, »daß man bei dem bestimmten Suchen nach dem, was man bedarf, dasselbe auch oft da zu finden glaubt, wo es wirklich nicht ist«. Könnten auch bisweilen »Spekulation und abstrakte Bestimmtheit voraus ahnen [...], was die Anschauung hernach für wahr erkannt«, so sei doch die Gefahr zu groß, daß dieses Vorgehen auf Abwege gerate und die Erfahrung rechts liegen lasse. Forster wendet sich damit entschieden gegen den idealistischen Apriorismus. Es geht ihm dabei nicht allein um das Verhältnis der Erkenntnis zur Wirklichkeit, sondern auch um die Methode der wissenschaftlichen Verallgemeinerung, um die Beziehungen zwischen der Philosophie und den naturwissenschaftlichen Einzelgebieten. Forster weist auf die historische Entwicklung der Wissenschaften hin: Die Systeme der Abstraktionen müssen sich mit der Erweiterung der Kenntnisse verändern, in beschränktem Rahmen zunächst Annehmbares kann sich als mangelhaft erweisen. Auch die »Kritik der reinen Vernunft« wird dem Schicksal eines spekulativen Systems nicht entgehen können, meint Forster, so bedeutsam sie zur Zeit sein mag. Der Streit entzündet sich an einem Problem, dessen Lösung durch das Material der Entdeckungsreisen und die Entwicklung der Anatomie in ein neues Stadium getreten war. In der Frage der Entstehung des Menschen vertrat Forster ursprünglich die monophyletische Anschauung. Nachdem jedoch sein Freund Sömmerring in seiner Abhandlung »Über die körperliche Verschiedenheit des Negers vom Europäer« 1785 anatomische Varianten zwischen Neger und Europäer im Verhältnis zum Affen festgestellt zu haben glaubte, neigte Forster der Polygenese zu. »Das die Menschen Einer Gattung sind, ist wohl ausgemacht«, schreibt er nach Drucklegung seines Aufsatzes an Heyne, »sobald man den Begriff von Gattung so bestimmt, daß es sich ausmachen läßt. Ob sie alle aber Eines Stammes sind, folgt *daraus* noch lange nicht«. (W 4, 4, 439) (Das mehrdeutige Wort Menschenrassen liebt Forster nicht, er gebraucht es nur, »um Kants's *Wort* zu brauchen«, distanziert sich aber von der Kantschen »Bestimmung« des Wortes.) Später ergänzt er: Es sei noch immer gar wohl möglich, daß alle Menschen von einem Paare stammen, nur lasse »es sich nicht auf die bisher versuchte Art erweisen, und was das Beruhigendste sein muß, es ist am Ende sehr gleichgültig, und muß es sogar dem Theologen sein, wenn er nicht an Vorurteilen hängt« (W 4, 4, 452). Forster weist auf den »fruchtbaren Gedanken« hin, »daß alles in der Schöpfung durch Nuancen zusammenhängt«, und schließt sich an Herders Idee von der »*einen* Hauptform« an.

Forsters Gedanke, daß die verschiedenen Arten der Menschen Variationen eines gemeinsamen Grundtypes seien, die durch die Verschiedenheit der Lebensform, der Umwelt und der Ernährungsverhältnisse bedingt sind, kann als ein Schritt auf dem Wege zur Entwicklungslehre gesehen werden. Späterhin nähert sich Forster diesem Gedanken, aber in diesem Aufsatz vertritt er noch nicht das Prinzip der Entwicklung in der Natur.

Somit schließt der Begriff Mensch für Forster trotz einer Einteilung in »Rassen« alle vernunftbegabten Wesen zusammen, weil er eben unter »Rasse« Varietäten einer Gattung versteht, und niemand darf, fordert er eindringlich, mit dem Hinweis, es gäbe grundsätzlich minderwertige »Rassen«, diese Hypothese zur Verteidigung der Sklavenhalterei mißbrauchen, wie umgekehrt aber auch solche berechtigten Bedenken und ethischen Vorstellungen nicht zur Stützung einer falschen naturkundlichen Theorie verwendet werden können. Wenn sich Weiße und Neger durch die Forschung als verschiedene Varietäten erweisen, dann ist damit keineswegs »europäischer Grausamkeit« gegen das »gemißhandelte Volk« das Wort geredet. Ein unerweislicher Lehrsatz könne nicht die einzige Stütze des Systems unserer Pflichten sein. Es ist die idealistische Pflichtlehre, gegen die sich Forster hier wendet: »Wenn Moralisten von einem falschen Begriffe ausgehen, so ist es wahrlich ihre eigene Schuld, wenn ihr Gebäude wankt und wie ein Kartenhaus zerfällt«. Dahinter steht der Gedanke: Durch abstrakte, nicht erfahrungswissenschaftlich gewonnene Imperative kann kein Fortschritt erreicht, kann Unrecht nur verewigt werden. Es kommt darauf an, Humanität tatsächlich zu verwirklichen, indem man vom spekulativen Denken zur echten Wirklichkeitserfassung und zu einer darauf aufbauenden Praxis übergeht, die es auf eine realistische Verbesserung der Lebensbedingungen der Menschen absieht. Es ist der Weg vom Denken zur Praxis, von der Aufklärung zur Revolution, der sich in Forsters Weltanschuung anbahnte und den er folgerichtig weiterging. Wenn Forster am Ende seiner anthropologischen Betrachtungen gesellschaftliche Aktion fordert, scheint er freilich - noch ganz im Sinne des pädagogischen Utopismus der Aufklärung - allein an »praktische Erziehung« zu denken, die bewirke, »daß Menschen künftig fühlen, was sie Menschen schuldig sind«. Doch schließlich bringt er zwei bemerkenswerte weiterführende Gedanken. Erstens legt er dar, daß die »Veredlung« der Neger, die »den heiligen Funken der Vernunft« in sich tragen, möglich ist, und zeigt somit, daß er die Rassenmerkmale in bezug auf die gesellschaftliche Daseinsweise als unwesentlich ansieht, zweitens ist er davon überzeugt, daß die Entwicklung der auf niedriger Kulturstufe stehenden Völker historisch-zwangsläufig kommt: Auch ohne den Willen des Europäers, wird der Neger »einst, durch dich«, »was du bist oder sein kannst: ein Wesen, das im Gebrauch aller in ihn gelegten Kräften glücklich ist«. Der Autor zog als erster aus seiner Kantpolemik didaktischen Nutzen. Sie war für ihn gegenüber etwa noch vorhandenen sensualistischen Anwandlungen eine ihm in der Folge sehr dienliche Selbstverständigung über die Funktion des abstrakten Denkens, und sie bedeutete eine Kräftigung der materialistischen Ansätze seiner Weltanschauung.

Mit dem Blick auf die Praxis gewinnt der Begriff der Aufklärung für Forster eine neue Bedeutung. Er besagt nicht nur eine im Sinne seiner auf das Ganze der Natur und Gesellschaft und auf die Realitäten gerichteten Methode »vollständigere, richtigere Erkenntnis«, sondern eine, die mit einer »Fertigkeit, dieselbe auf alle Ereignisse des Lebens richtig anzuwenden«, verbunden ist (AA 7, 62). In diesem Sinne ist ein großer Aufklärer und Beförderer der Menschheitsentwicklung derjenige, der in seiner aufklärerischen Aktivität die Forschung unmittelbar mit der Praxis verbindet und beide zugleich in großen Taten zum Besten der Menschheit *anwendet*. Ein solcher Genius ist für Forster der 1779 auf seiner dritten Weltreise ermordete Kapitän Cook. So schließt sich sein umfangreiches Denkmal *»Cook der Entdecker«*, das Forster seiner Übersetzung von *»Des Capitain Jacob Cook's dritter Entdeckungs-Reise«* vorangestellt hat, folgerichtig an seine Auseinandersetzung mit Kant an. Diese Arbeit bringt zugleich bedeutsam Neues, indem Forster eingangs erörtert, innerhalb welch widerstreitender Lebensvorgänge und Einflüsse sich die erkennende und gesellschaftlich handelnde Persönlichkeit entwickelt. Materialistische Gedankengänge, die schon anklangen, werden unterstrichen. Forster ist davon überzeugt, daß auf jeder Kulturstufe der menschlichen Gesellschaft »Bedürfnisse und Leidenschaften die Triebfedern aller erhaltenden, aber auch aller zerstörenden Tätigkeit« sind. Diese Anschauung gibt seiner ganzen Arbeit Inhalt und Gepräge. Forster mißt des großen Seefahrers Leistung danach, wieweit dieser »sein Jahrhundert in Erkenntnis und Aufklärung fortgeführt, welchen Zuwachs die menschliche Glückseligkeit durch sein Bestreben gewonnen und welche neue Aussichten in die goldene Zukunft einer allgemein vollendeten Bildung sein Genius uns eröffnet« hat.

Ein am Ende des Menschenrassenaufsatzes anklingendes Problem wird weitergeführt: Die Frage nach der Entwicklungsfähigkeit des Menschen. Die Perfektibilität, so opponiert Forster gegen Rousseau, sei nicht »als ein der Natur entgegengesetztes Extrem zu betrachten«. Das folgt für Forster aus dem Begriff des Menschen als dem einzigen organischen Wesen, das mit Vernunft begabt ist. Es gibt nirgends auf der Erde Menschen in einem »bloß tierischen Stand der Natur«. Da aber das denkende Wesen durch Bedürfnisse und Leidenschaften dazu gebracht wird, seine intellektuelle Fähigkeit einzusetzen und zu kräftigen, umsomehr, als es durch die Benutzung dieser Kräfte zu Gefühlen des Glückes kommt, wird die Menschheit sich stetig vervollkommnen. Für die Entwicklung der Denkfähigkeit, die Steigerung der Bedürfnisse und der Möglichkeiten des Glückempfindens, für die Verfeinerung der Bildsamkeit gilt das gleiche Prinzip »wie allerwärts in der Natur, es ist Wirkung und Gegenwirkung, was die schlafenden Kräfte offenbart«. Nach dem Gesetz des Widerstreits einander entgegengesetzter Kräfte vervollkommnet sich zusammen mit der immer größeren Umweltbeherrschung und den Erfahrungen das seelisch-geistige Vermögen und erhöht sich die sittliche Bildung. All dies führt zu einer wachsenden Potenz der Humanität. Das Hochziel, auf das Forster mit solchen Überlegungen zusteuert, ist »die Aussicht, einer höheren gesellschaftlichen Glückseligkeit, als die Welt noch kannte, teilhaftig zu werden«. Solches Zielbewußtsein muß unsere Kräfte »für das Bedürfnis des *gegenwärtigen* Augenblicks« in Bewegung halten; jedem obliegt es, »nach der Vollkommenheit zu streben, *die ihm erreichbar ist*«. Ist auch ein geistiger und sittlicher Aufstieg der Menschheit möglich, wird doch die Welt nie ein goldenes Zeitalter vollkommener Harmonie erreichen, in der alle Widersprüche zum Schweigen gebracht sind. Denn Leben und Sterben, Wachsen und Vergehen, »der Trieb der Selbsterhaltung und der Gesellschaftstrieb« gehören zum Wesen von Natur und Gesellschaft. Sie alle sind wie »Tugend und Laster [. . .] überall gleichzeitige Erscheinungen«; denn auch die Tugend wird nur durch Widerstreben möglich; wo weder Feind noch Gefahr vorhanden ist, da gibt es weder Kampf noch Sieg«. Mit diesen Erörterungen führt Forster den Entwicklungsgedanken weiter, der von Kant in seiner 1755 erschienen »Allgemeinen Naturgeschichte und Theorie des Himmels« auf das Sonnensystem, von Buffon auf die Entstehung der Erde angewendet worden war und den C. F. Wolff 1759 in seiner »Theoria generationis« und 1764 in der »Theorie von der Generation« auf der Grundlage der Epigenese und im Kampf gegen die metaphysische Präformationstheorie für das Tier- und Pflanzenreich vertreten hatte. Schließlich war es dann wiederum Kant gewesen, der 1784 in seiner »Idee zu einer allgemeinen Geschichte in weltbürgerlicher Absicht« den Entwicklungsgedanken auf die Gesellschaft übertragen und die Triebkraft ihres Fortschritts in einem Antagonismus, der »ungeselligen Geselligkeit des Menschen«, gesehen hatte. Da Forster das Grundprinzip, das er in den früheren Arbeiten als das der Natur skizziert hatte, nunmehr auf die Entwicklung des Menschen und der menschlichen Gesellschaft anwendet, wird seine Hinwendung vom Denken zur Praxis erheblich vertieft. Mit dieser Anschauung knüpfte Forster an die urwüchsig-naive Dialektik der frühen griechischen Philosophie an und nahm, sehr allgemein allerdings, die erst nach den großen Entdeckungen und sozialen Veränderungen des 19. Jhs. mögliche Überwindung der Metaphysik in den Naturwissenschaften voraus. »Die Perfektibilität als ein der Natur entgegengesetztes Extrem zu betrachten, mußte freilich [...] eine Täuschung zuwege bringen, welche nur eine konsequentere Philosophie wieder aufheben kann«. Denn wie das Unendliche an das Endliche geknüpft sei, so sei »über alle Grenzen menschlicher Begriffe hinaus, Freiheit an Notwendigkeit geknüpft, und hiemit zwischen dem innigen Bewußtsein des kühnsten Denkers, daß seine Handlungen Gedanken vorhergehen, und der ehernen Wahrheit, daß keine Idee aus nichts entstehen kann, ein ewiger Kampf erregt«.

Forster wollte mit seinem »*Cook*« - er widmete das Gesamtwerk Joseph II. - zugleich ein Bekenntnis zur Tätigkeit ablegen, zu dem Menschen als den ein Stück Welt Bewegenden, der damit zugleich ein Bewegter ist, im Sinne der inneren Befriedigung, der Glücksempfindung. Es geht ihm um die Erkenntnis des humanistischen - sowohl individuellen wie gesellschaftlichen - Wertes der Arbeit. Insbesondere aber spricht sich Forster über die Tätigkeit des Gelehrten aus. In Übereinstimmung mit Lichtenberg wendet er sich gegen die »Philosophie im Lehnstuhl« und die »geistige Überladung«, die nur zur Afterphilosophie führe. Er betont, welchen Gewinn an Welterkenntnis Cooks Leistung dadurch bedeutete, daß dieser Anschauung, Erfahrung und Theorie in gesunde Wechselwirkung brachte und »Enthusiasmus für die Erweiterung der Erfahrungswissenschaften erweckte«. Am Ende der Arbeit beweist Forster, daß die Vorausschau, die Planung in die Zukunft auf der Grundlage realer Zustands- und Kräftebestimmung und im Hinblick auf wirtschaftliche und kulturelle Fortschritte der Menschheit, eine wichtige gesellschaftliche Funktion hat, ja die Krönung der aufklärerischen Tätigkeit und ihrer publizistischen Verarbeitung ist. Seine Beispiele zeigen ein erstaunliches prognostisches Vermögen.

Das erweist sich auch in seiner nächsten Arbeit. In einer für die Geschichte Australiens bedeutsamen Situation, als die Ansiedlung englischer Sträflinge auf Neuholland gerade erst geplant war, im Jahre 1786, zwei Jahre vor der Abreise des ersten »verworfenen Haufens« als Keim einer »neuen bürgerlichen Gesellschaft«, veröffentlichte Forster den Essay über »*Neuholland und die Brittische*

Colonie in Botany-Bay«. Einleitend formuliert Forster am konsequentesten und bündigsten seine Ablehnung des Zurück-zur-Natur-Standpunktes und der Auffassung, daß der Mensch auf der primitivsten Entwicklungsstufe am glücklichsten sei. Die natürliche Veranlagung des Menschen als eines denkenden Wesens erfordert eine Entfaltung aller seiner typisch menschlichen Fähigkeiten und geistig-seelischen Kräfte. Der »verfeinerte Mensch« in einem »gesitteten Leben« als die mit den wertvollsten Anlagen des Menschen wuchernde Daseinsform muß also das Ziel aller humanistischen Bestrebungen sein. Verfeinerung ist aber nicht möglich ohne wirtschaftliches, technisches und kulturelles Vorwärtsschreiten. Es gibt keinen Widerspruch zwischen Natur und Kultur; erst in der Kultur wird die wahre Natur des Menschen voll wirksam. Nachdem Forster im Hauptteil seiner Schrift die Möglichkeiten einer europäischen Besiedlung Australiens durchaus optimistisch beurteilt hat, geht es ihm vor Beginn der Kolonisierung eines neuen Erdteils vor allem darum, daß im Interesse der gesamten Menschheit nicht die Ausbeutung und Versklavung der Urbewohner, sondern ihre Entwicklung betrieben wird. So schließt er zu ihren Gunsten, an den Schluß seines Aufsatzes über die Menschenrassen anknüpfend, mit dem Mahnruf, daß »Menschen bilden und vollenden« die höchste Aufgabe der entwickelteren Erdbewohner ist. Wenn Forster auch auf dieser Stufe seines naturwissenschaftlichen Denkens noch nicht frei ist von dem aufklärerischen Bildungsutopismus, so scheint er sich doch darüber klar zu sein, daß er nur Richtungspunkte für eine weite Zukunft gibt und daß bei den bestehenden gesellschaftlichen Formationen der bloße Apell an das Gewissen keine Aussicht auf Erfolg hat. Spener - für den Schriftstellerfreund, »wenn er nur kein Buchhändler wäre, einer der vortrefflichsten Männer«, die er kennt - hatte die philosophische Einleitung zu dem Aufsatz gestrichen (W 4, 4, 452). Forster aber blieb hart, und Spener mußte das Unterdrückte noch drucken lassen. Die »Reflexion« war dem Autor das wichtigste an dem Aufsatz. Therese ermutigte ihn zu diesen Arbeiten. Zum »Cook« schreibt sie am 17. Jan. an Sömmerring: »Der Plan oder Inhalt, den er aufgezeichnet, scheint mir nämlich interessant und auf eigenen Wegen gesucht.«

Schriften Forsters:
Noch etwas über die Menschenraßen. An Herrn D. Biester.
Entstanden: Anfang Juni - 20. Juli 1786
Erstdruck: Der Teutsche Merkur 1786, 4. Viertelj., Okt., S. 150-166
h. k. Neudruck: AA 8, 130-156

Neuholland und die Brittische Colonie in Botany-Bay.
Entstanden: Herbst bis Mitte Nov. 1786
Erstdruck: Hist.-Genealog. Calender oder Jb. d. merkwürdigsten neuen Welt-Begebenheiten für 1787. Berlin: Haude und Spener [1786] 12° S. 300-322
Neudruck: W 4, 2, 225-247

Cook, der Entdecker. Versuch eines Denkmals.
Entstanden: Ende Dez. 1786 - 31. März 1787
Erstdruck: Vorrede (S. 1-106) im Bd. 1 von: Des Capitain Jacob Cook's dritte Entdeckungs-Reise, welche derselbe... während der Jahre 1776 bis 1780 ausgeführt hat... Berlin: Haude und Spener 1787
Neudruck: W 4, 2, 103-224

Sekundärliteratur:

Hans *Lambel:* Georg Forster in Teplitz und Prag 1784. In: Mitteilungen des Vereines f. Gesch. der Deutschen in Böhmen (Prag) 54, 1916, S. 248-287.

Im polnischen Exil. Briefe von Therese Forster an ihre Stiefmutter. Mitget. von Albert *Leitzmann*. Archiv f. d. Studium der neueren Sprachen und Liteaturen Bd. 46, 1917, S. 268-299.

Zur russ. Weltreise siehe *Steiner,* Kap. II, 1, S. 11.

Zygmunt *Fedorowicz:* Mowa Jerzego Forstera wygloszona 2 lutego 1785 roku w Szkole Glównej Wielkiego Ksiestwa Litewskiego w Wilnie p[od] t[ytulem] Limites Historiae naturalis. Wroclaw, Warszawa 1961. 67 S. (Memorabilia Zoologica. 7.)

Erhard *Lange:* Georg Forsters Kontroverse mit Immanuel Kant. Dt. Zs. f. Philosophie 12, 1964, S. 965-980.

M[ichael] E[dward] *Hoare:* »Cook the Discoverer«: An Essay by Georg Forster 1787. Records of the Australian Academy of Science 1, 1969, Nr. 4, S. 7-16.

Klaus-Georg *Popp:* Nachwort (S. 201-229) zu: Georg Forster- Georg Chr. Lichtenberg. Cook der Entdecker. Leipzig 1976.

5. Wieder in Deutschland: Göttingen und geistlicher Kurstaat Sept. 1787 – 24. März 1790

Auf der Reise nach Göttingen, von wo aus Forster seine Vorbereitungen treffen wollte und wo seine Frau die Zeit seiner Abwesenheit verbringen sollte, besuchte er Weimar und besprach sich mit Herder und Knebel. In Göttingen wurde er mit der Ernennung zum Ehrenmitglied der dortigen Akademie der Wissenschaften empfangen und erhielt die Nachricht von seiner Wahl zum Mitglied der Akademie zu Neapel. Kurz nach der Ankunft erfuhr Forster vom Ausbruch des russisch-türkischen Kriegs; er glaubte weiter an die Durchführung der russischen Weltumseglung, denn die Schiffe waren schon ausgerüstet worden. Aber zwei Monate später erfuhr er amtlich, daß diese auf unbestimmte Zeit verschoben sei. Nach fünf Monaten der Ungewißheit erhielt er die Nachricht über eine Entschädigung durch Rußland. Eine angebotene Anstellung an der Kadettenschule in St. Petersburg schlug er aus, Verhandlungen mit der spanischen Regierung über eine Reise nach den Philippinen scheiterten, aber er konnte nunmehr von der russischen Abfindung ohne wirtschaftliche Not in Göttingen leben. Doch lebte er nicht sorgenfrei: Es kam zu einer ersten Krise seiner Ehe, weil Therese erneut Beziehungen zu Meyer aufnahm. Erst als dieser sich nach England begab und sich Heyne, der Forster sehr schätzte, eingeschaltet hatte, besserte sich das Verhältnis Forsters zu seiner Frau. Eine Stelle in Berlin oder Wien zu bekommen, gelang Forster nicht, einen Ruf nach Pest schlug er aus.

Schließlich nahm er die Stelle des Universitätsbibliothekars in Mainz an, die ihm im April 1788 übertragen wurde. Sie hatte bisher sein Kasseler Kollege und Freund Johannes Müller inne, der kurfürstlicher Legationsrat geworden war. Die Vermittlung Müllers anzunehmen bewog Forster nicht allein der Umstand, daß sein engster Vertrauter, Sömmerring, in Mainz wirkte, sondern auch die Tatsache, daß durch den bis 1774 regierenden Erzbischof und Kurfürst Freiherr Emmerich Joseph von Breitenbach der Geist der Aufklärung in Mainz eingezogen war und wirtschaftliche wie kulturelle Reformen durchgeführt worden waren, daß der neue Kurfürst, Freiherr von Erthal, der zwar keineswegs die Qualitäten und die Geisteshaltung seines Vorgängers besaß, zum mindesten nach außen hin Mainz als Stätte der Aufklärung erscheinen lassen wollte, die Universität erneuerte und nicht nur eine Reihe von Protestanten in die Erzbischofsstadt holte, sondern auch Männer wie den Freiherrn von Dalberg, seit 1787 Koadjutor, und den in Göttingen ausgebildeten Graf von Stadion zur Seite hatte. So meinte Forster, Mainz sei ein ganz guter Ort für ihn, denn über den Geist, der sich der Aufklärung widersetzt, habe er gelernt, sich hinwegzusetzen, und dort finde man einzelne verdiente Menschen und eine gute Nachbarschaft. Forster erhielt 6 Monate Urlaub, um sich an der Universitätsbibliothek zu Göttingen, der bedeutendsten, die es damals in Deutschland gab, auf sein neues Amt vorzubereiten. An schriftstellerischen Arbeiten lieferte er in dem Göttinger Jahr etwa zwei Dutzend Rezensionen für die »Göttingischen Anzeigen von gelehrten Sachen« (1787/88) über geographische, völkerkundliche und naturwissenschaftliche Werke und schrieb den Essay *»Ueber Leckereyen«*, mit dem eine neue Epoche seines Denkens und seiner publizistischen

Arbeit begann. Von Lichtenberg gebeten, aus der Schrift des schwedischen Arztes Bergius »Om Läkerheter« einen Auszug für seinen Göttinger Taschenkalender herzustellen, brachte Forster seine eigenen Gedanken über den Gegenstand zu Papier. Er weist auf den unlösbaren Zusammenhang von Materie und Geist, von Sein und Denken hin, der eine Folge des »großen Zusammenklangs des Weltalls« ist« ist, welcher wiederum »nur in unaufhörlichen partiellen Disharmonien« bestehen kann. Da »alles hienieden« ineinandergreift und »wechselweise bald Wirkung, bald selbst wieder Ursache« ist, also eine Wechselwirkung zwischen Materie und Geist, Sein und Denken besteht, trägt die Verfeinerung der Sinnlichkeit zur Förderung der allgemeinen Aufklärung und humanen Perfektion bei. Forster bejaht den Genuß, denn von der Sorge für den Magen zu der Sorge für den Gaumen, sei »kein geringer Fortschritt im Denken«, da die Wechselwirkungen zwischen der Lust an Sinnenbefriedigung und dem höheren Genußbedürfnis auf der einen Seite und intellektueller Fähigkeit wie Einbildungskraft und Beurteilungsgabe auf der anderen zur Weiterentwicklung des Menschen beitragen. Dazu kommt, daß der Mensch auch seine Umwelt und seine Lebensverhältnisse zur Befriedigung des Gaumens verändert. Die ununterbrochene Kette der Aktionen reicht von der Bienenzucht und der Rebenkultur bis zum Negerhandel, der den Genuß von Zucker und Kaffee sichern soll. »Die Leckerhaftigkeit« Europas »unterhält Geschäftigkeit und Betrieb im ganzen Menschengeschlechte«.

Forster wandte sich in diesem Aufsatz aus der erkenntnistheoretischen Grundlage des Sensualismus gegen zwei Fronten: gegen die Vertreter der metaphysischen moralphilosophischen Einstellung, daß der Mensch zum »Entbehren und Dulden« bestimmt sei, und gegen die Anschauung derer, die im Genuß allein den Endzweck des Lebens sehen. Für Forster sind die Ansprüche des Menschen auf ein frohes Dasein und auf Genuß untrennbar mit der fortschreitenden Humanisierung verbunden, sind Voraussetzungen für höhere Kultur und immer würdigere Gestaltung des Lebens. Forster war sich der Kühnheit seiner Schlußfolgerungen, die einen physiologischen Materialismus entwickeln und ihn vom mechanischen Materialismus abgrenzen, bewußt und schreibt: »Den etwanigen Materialismus darin will ich gern auf meine Hörner nehmen; überhaupt könnte man vielleicht von dem ganzen Aufsatz das nämliche sagen, was vom menschlichen Leben gilt, daß es nämlich voll Widersprüche ist« (W 4, 4, 528). Hier verwendet Forster erstmalig und mit Recht den Begriff Materialismus.

Anfang Oktober 1788 siedelte Forster mit seiner Familie nach Mainz über, das rund 20 000 Einwohner hatte.

Das Mainzer Kurfürstentum (gegen 320 000 Einwohner, in der Mehrzahl Bauern) umfaßte ein die damalige Zersplitterung Deutschlands kennzeichnendes Territorium. Den Kern bildete ein schmaler Landstreifen am unteren Rhein und Mittelrhein, und dieser wurde durch die freie Reichsstadt Frankfurt in ein größeres Oberstift mit Aschaffenburg und ein kleineres Unterstift mit Mainz geteilt. Dazu gehörten aber nicht nur in Thüringen das Eichsfeld und Erfurt, in Franken Bischofsheim, sondern zahlreiche Landsplitter als Enklaven der Nachbarländer. Die politische Macht lag in den Händen einer geistlichen Aristokratie, des Domkapitels und des Erzbischofs und Kurfürsten, der von jenem gewählt wurde und die geistliche und weltliche Macht vereinte. Er hatte mehrere Befugnisse im Reich, war erster Erzbischof, Vorsitzender des Kurfürstenkollegiums und Direktor des Reichstags und hatte maßgebenden Einfluß auf das Reichskammergericht. Alle Einrichtungen des Staates wurden dazu benutzt, die Stellung des Hofes und des Adels zu erhöhen. Auf der Bevölkerung lasteten als allgemeine Abgaben die schlecht abgestuften Steuern, von denen Adel und Geistlichkeit befreit waren, die Gefälle verschiedener Art und die Fronen. Dazu kamen noch die Kirchenzehnten und die Rechte der Grundherrn. Die verschwenderische Hofhaltung des Kurfürsten und die luxuriöse Lebensweise des Adels zehrten an der Wirtschaft des Staates, boten aber in der Residenzstadt den breiten bürgerlichen Schichten und der gering entwickelten Handels- und Manufakturbourgeoisie Erwerbsquellen.

An der Universität wirkten Männer, die aufklärerische Ideen verbreiteten und später als Jakobiner eine Rolle spielten: Der Theologe Blau, der Kantianer Dorsch, der Naturrechtler A. J. Hofmann, der Mathematiker Metternich und der Mediziner Wedekind. Die Universitätsbibliothek fand Forster in einem völlig unbefriedigenden Zustand vor. Sie war unorganisch aus mehreren veralterten Beständen, meist theologischer Literatur, zusammengesetzt und schlecht untergebracht. Forster bemühte sich, sie durch moderne Werke auszubauen, neue bibliothekarische Hilfsmittel zu schaffen, aber als er merkte, daß er mit seinen Forderungen an die Regierung erfolglos blieb, fand er in seinen schriftstellerischen Arbeiten mehr Befriedigung und Gelegenheit, vorwärtszukommen.

Am Mainzer gesellschaftlichen Leben, an Landpartien und Gastereien, beteiligte sich Forster nicht, »der Ton des Gesprächs in seinem Hause, die Art der Unterhaltung, die Einfachheit der Bewirtung sonderten ihn [...] ab« (B I, 67). Forster pflegte Geselligkeit mit einem kleinen Kreis von Freunden, die »fast täglich eine Abendstunde an seinem Teetisch zubrachten« (B I, 66), Korrespondenz mit Hunderten von auswärtigen Bekannten. Er führte mit seiner von den Besuchern wegen ihres Charmes und ihrer geistigen Beweglichkeit geschätzten Frau ein gastliches Haus für die Durchreisenden »jeder Nation, deren kein Gebildeter nach Mainz kam, ohne Forster aufzusuchen« (B I, 66); viele – wie Wilhelm von Humboldt als einer der ersten – machten nur seinetwegen in Mainz Station. Zu den engsten Vertrauten der Familie gehörte neben Sömmerring bald der kursächsische Legationssekretär Huber, der sich vor 4 Jahren mit seiner Verlobten Dora Stock, deren Schwester Minna und Ch. G. Körner um die Übersiedlung Schillers nach Leipzig bemüht hatte. Bei Forster fand Huber Anregung zu neuer schriftstellerischer Arbeit und deren Förderung, bei Therese wachsende Zuneigung. 1789 wurde Forsters Tochter Klara geboren.

Als seinen geistigen Einstand in Mainz, aber anonym veröffentlichte Forster das »*Fragment eines Briefes an einen deutschen Schriftsteller, über Schillers Götter Griechenlands*«. Aus der Verpflichtung des Menschen zur Tätigkeit leitet er das Recht jedes denkenden Menschen auf freie Forschung und Überzeugung ab. Dieser Essay hat eine doppelte Wurzel, einen konkreten literarkritischen und einen zeitpolitischen Anlaß.

Schiller hatte im Märzheft des »Teutschen Merkur« von 1788 seine »Götter Griechenlands« veröffentlicht. Die griechische Unterwelt war für Schiller innig verbunden mit der Fülle der Erscheinungen in Natur und Menschenleben. Dieser menschlichen, von Humanität erfüllten Naturwelt stellte Schiller die zwiespältige moderne Welt gegenüber, die in einen allesbeherrschenden Geist und eine seelenlose Materie geteilt sei. Zugleich damit verkündete Schiller in seinem Gedicht das humanistische Ideal der harmonisch gebildeten Persönlichkeit, die durch eine lebendige, vielseitige und die Gesellschaft befruchtende Regsamkeit an der Befreiung des Bürgertums aus seinen Fesseln mitwirkt. In diesem Ideal, dem Schiller hier als Sprecher des fortschrittlichen Bürgertums künstlerischen Ausdruck lieh, manifestierte sich die bürgerliche Forderung nach Freiheit, und die Antike erhielt die Funktion, die Vorbilder für dieses Ideal zu stellen. Mit dem Ruf nach einem neuen, schöneren Dasein schließen die »Götter Griechenlands«.

Es ist verständlich, daß eine solche literarische Erscheinung am Vorabend der Französischen Revolution Gegner und Freunde ihres ideologischen Grundgehaltes auf den Plan rief. Das »Deutsche Museum« brachte im Augustheft des gleichen Jahres einen Angriff des Grafen F. L. von Stolberg: »Gedanken über Herrn Schillers Gedicht: Die Götter Griechenlands«. Stolberg beurteilt diese Dichtung vom strenggläubigen christlichen Standpunkt. Er wirft Schiller vor, er reiche einem unmündigen Publikum Gift im Becher der Musen, sein Gedicht sei eine Gotteslästerung. Über Stolberg empört schrieb Forster zur Verteidigung Schillers sein »Fragment«. Forster lehnte sich so temperamentvoll gegen den »frommen Eiferer« Stolberg auf, weil die Lage in Preußen, die neue Kirchen- und Kulturpolitik nach dem Tode Friedrichs II., seine erhöhte Aktivität gegen die »Malignität der Intoleranz« herausforderte. So wendet sich Forster zunächst gegen den durch das Wöllnersche Religionsedikt gekennzeichneten Ungeist in Preußen, dessen metaphysischer Charakter durch den Hinweis auf die »Geistesbanner und Sykophanten« angedeutet wird. Er zeichnet das Bild eines Staates, in dem Freiheit und Gleichheit aller Bürger herrschen, und bringt Gedanken, wie sie auch W. von Humboldt in seinem Aufsatz »Ideen über Staatsverfassung« (1792) entwickelte. In dem Hauptteil des »Fragments« fordert Forster, daß bei der literarischen Kritik das Postulat der Gedankenfreiheit zu erfüllen sei, indem man die Überzeugung des anderen achte und jeden intellektuellen Despotismus verbanne. Forster schätzt Schillers Gedanken, daß die griechischen Götter mit ihren menschlichen Zügen dem Menschen näher gestanden hätten und infolgedessen auch eher Vorbilder für diese sein konnten als den Menschen der Gegenwart ein »metaphysischer Gott«. In der Gestaltung seines »Fragments«, in Aufbau und Stil, Gedankenführung und Bildhaftigkeit, gibt Forster ein Beispiel für eine echte, sachliche Polemik, einen wertvollen Beitrag zur Praxis der deutschen kritischen Publizistik.

Nachdem Forster im Dezember 1788 begonnen hatte, für Archenholtz' Annalen alljährlich über die zeitgenössische englische Literatur zu unterrichten *(»Geschichte der Englischen Litteratur, vom Jahr 1788«)*, schrieb er im nächsten Frühjahr einen *»Leitfaden zu einer künftigen Geschichte der Menschheit«*. Er knüpft mit dieser Arbeit, die durch verschiedene Beweggründe und Gedankengänge besonders deutlich seine weltanschauliche Entwicklung kennzeichnet, an seine Polemik mit Kant und seinen Leckereien-Essay an. Sein damaliger Plan, eine »philosophische Naturgeschichte« zu schreiben, sein Bemühen, zwischen Evolutionstheorie und Epigenese zu entscheiden, seine – in einer späteren Rezension noch deutlichere – Abwehr der rassistischen Anschauungen des Göttinger Philosophen Meiners und Anregungen Herders führten ihm die Feder.

Vom Grundgedanken der Perfektibilität aus ging es Forster um die Menschheitsentwicklung. Sie vollziehe sich von tierischer Wildheit zur Zivilisation in vier Stufen, deren unterste die Perioden des Wachstums und des Geschlechtstriebs sind: »Vor allen Dingen müssen wir *sein;* sodann erst können wir auf eine bestimmte Art und Weise unsere Kräfte äußern.« Die »Hauptbestimmungen des Menschen« sind »von einer nach und nach erfolgenden Veränderung verschiedener Organe abhängig«. Aber schon in der Periode des Wachstums finden sich die Ansätze des Denkens und Handelns, so daß man »in gewisser Hinsicht behaupten« darf, »daß unsere Existenz zu keiner Zeit bloß tierisch ist«. Forster setzt sich von dieser materialistischen Haltung aus mit zeitgenössischen metaphysischen

Auffassungen in der Anthropologie zugunsten einer Entwicklungslehre auseinander, die von der Formung des Menschen und der Völker durch die Verhältnisse ausgeht, und ging damit über die Ideen Buffons hinaus, in Richtung auf die Auffassungen Lamarcks und Geoffroy Saint-Hilaires, der Vorläufer Darwins, vorstoßend. Statt einer moralischen Bewertung der Völker fordert er eine Berücksichtigung der Verhältnisse, die sie geprägt haben.

Der offene Brief an Stolberg erhält als Pendant einen offenen Brief an Biester, dem Mitherausgeber der »Berlinischen Monatsschrift«, mit dem Titel *»Ueber Proselytenmacherei«*. Beide Briefe haben die gleiche Grundtendenz: den Kampf gegen alle despotischen Schranken bei dem Suchen nach der Wahrheit, bei der wissenschaftlichen Arbeit, aber auch den Kampf gegen jede Einschränkung der Glaubensfreiheit und gegen jede Behinderung des Bestrebens, für das als richtig und wahr Erkannte, selbst wenn ihm nur eine subjektive Richtigkeit zukommt, Anhänger zu gewinnen. Biester hatte in seiner Zeitschrift unter der Überschrift »Proselytenmacherei« in katholikenfeindlicher Absicht einen Privatbrief veröffentlicht, in dem ein kurmainzischer Amtmann der katholischen Witwe eines protestantischen Freundes den Rat gibt, ihre Kinder katholisch zu erziehen. In einem Zusatz hatte Biester dem Amtmann unredliche und hinterlistige Bekehrungsversuche vorgeworfen. Forster verdroß dies, und er setzte sich mit den Meinungen des von ihm als ehrenwert geschätzten Biester auseinander: »Es indignierte mich, daß jemand das Gewicht seines Namens zu einem Machtspruch mißbrauchen wollte, um damit eine Vorstellungsart, die ihm nicht gefiel, *gehässig* zu machen. Wer kann fordern, daß allen alles gefalle? Aber muß man in der gelehrten Welt jenen Ton dulden, dann hat alle Gedankenfreiheit ein Ende« (W 4, 4, 580). Forster befand sich in Mainz als Protestant in einer katholischen Umgebung. Die Widerstände gegen seine Anstellung als Universitätsbibliothekar waren nicht gering, er selbst hatte sich gegen den Glaubenseifer und die Unduldsamkeit der mit toleranten Maßnahmen des Erzbischofs unzufriedenen katholischen Kreise zu wehren, und gerade in dieser Situation kam ihm das Biestersche Beispiel eines protestantischen »weltlichen Despotismus« höchst ungelegen. Religiöser Despotismus war für Forster nur eine Abart der politischen Unterdrückung. Wenn man meint, ein anderer fehle, soll man aufzeigen, »was seine Lehre dem gemeinen Wesen Schädliches habe, wie sie einfließe auf Handlungen«. Die Konsequenz aus dieser Forderung ist die Überprüfung aller überkommenen Ideologien des Feudalismus auf ihre Gültigkeit und ihren Nutzen für das zeitgenössische »gemeine Wesen« und mehr noch für eine neu sich entwickelnde Gesellschaft. Toleranz fordert Forster auch im Pantheismusstreit um Jacobis Spinozabuch (s. W 4, 4, 537–543), in dem er seine materialistische Anschauung dokumentiert.

Als wichtige Mittel zu freier Menschenbildung und für den Abbau sowohl veralteter Vorstellungen als auch politischer Einflüsse erschienen Forster Kunst und Literatur. Die Entwicklung seiner ästhetischen Auffassung lassen die fünf weiteren für Archenholtz' Annalen geschriebenen Aufsätze über die *»Geschichte der Kunst in England«* und die *»Geschichte der Englischen Litteratur«* erkennen. Ihnen voraus geht der Aufsatz *»Die Kunst und das Zeitalter«*. Was den Künstler zum Schaffen veranlaßt, bezeichnet Forster als den »weltlichen Bildungstrieb«. Und dieser entwickelt sich in jedem Künstler anders »nach der mannigfältigen Verschiedenheit des äußeren Verhältnisses«. Unter den »äußeren Verhältnissen« versteht Forster, wie seine Beispiele zeigen, vor allem die politische und wirtchaftliche Situation: »die Freiheit der Verfassungen«, »die Erzeugnisse«, »Handel und Verkehr«. Aus dem Zusammentreffen günstiger Vorbedingungen und dem »daraus entstehenden schönen Gleichgewicht der physischen und sittlichen Kultur« leitet Forster das Phänomen der griechischen Kunst ab. Das künstlerische Werk entsteht erst dann, wenn die individuellen Schaffenskräfte des Künstlers erregt und gesteigert werden durch das, was ihm als Erlebnisse durch die »Verhältnisse« gegeben wird. Seine Schaffenskräfte aber haben nach Forster eine willensmäßig-geistige, gesellschaftliche und eine physisch-handwerksmäßige Seite: Er fordert »die sittliche und physische Vollkommenheit des Künstlers«. Das ist eine Absage an den divinatorischen Charakter des künstlerischen Schaffens und die Vorbereitung einer realistischen Auffassung der ästhetischen Grundprinzipien. Noch deutlicher wird dies bei Forsters Bemühen, das Wesen des Schönen zu erfassen, ohne »in die Tiefen der Metaphysik« hinabzusteigen. Mit dem Schönen seien die Begriffe des Ganzen, Harmonischen, Vollkommenen verbrüdert, die Empfindung des Schönen sei die reinste, »wenn ihr Gegenstand ein Ganzes bildet, das durch seine inneren und äußeren Beziehungen unserer Vernunft vor allen anderen richtig ist«. Forster lehnt damit die Isolierung der Kunst von anderen Lebensbezügen ab und gibt ihr die Rolle, unser *gesamtes* Leben als eine Einheit zu umfassen. Er bezeichnet folgerichtig als wichtigstes Kriterium der Kunst die »Richtigkeit«, d. h. die Übereinstimmung mit dem Bild, das sich unsere Vernunft von Natur und Menschenleben macht, also ihre Lebensnähe und Wahrheit. Da nur der Mensch in sich das Bild dieser Einheit und die Überzeugung dieser Wahrheit besitze, sei er mit seinem ganzen Denken und Fühlen »der höchste Gegenstand der schönheitsbildenden Kunst«. Vom gesellschaftlich-humanistischen Auftrag der Kunst her erklärt Forster die Notwendigkeit des Idealisierens, durch das die Züge der Natur veredelt, die Wirklichkeit überhöht wird, aber nur soweit diese Überhöhung »der Natur getreu« ist und lediglich »dem Möglichen Wirklichkeit verleiht«. Der Versuch, Kunst und Literatur als ein gesellschaftliches Phänomen zu begreifen, führte Forster über die auf Lessing und Winckelmann beruhende ästhetische Anschauung des klassischen Idealismus Schillers hinaus. Mit Forsters Sinngebung ist die Idee der »ewigen« Schönheit und Harmonie zurückgewiesen. An ihre Stelle tritt der Gedanke von der historischen Konkretheit der Kunst und ihrer sozialen Inhalte. Damit war die Kunst gewonnen als Ausdruck der realen und sich im historischen Prozeß verändernden ästhetischen und sittlichen Bedürfnisse des Menschen und wurde zu einem Kampfmittel für neue gesellschaftliche Inhalte und Formen.

Das Schöne als historischer Begriff ist für Forster die Vorschau auf einen harmonischen Ausgleich von Individuum und Gesellschaft, ist das Symptom des Strebens nach dieser Harmonie, die Antizipation der Vervollkommnung des Menschen, ein Ziel, das – der Natur des Menschen und der Gesellschaft entnommen – nicht utopisch ist, wenn es auch immer ein Ziel bleibt, aus dem sich die Aufgaben des Menschen ableiten. Aus dieser Kennzeichnung von Kunst und Literatur als gesellschaftliche Phänomene ergibt sich deren Aufgabe, auf die sozialen Verhältnisse im weitesten Sinne fördernd zurückzuwirken und das gesamte gesellschaftliche System vorwärtszuführen. Die Künste und die Literatur gehören mit »in den großen Plan der allgemeinen Staatswirtschaft«, weil sie auf jeden einzelnen, der sich ihnen aufschließt, eine dynamische Wirkung haben.

Diese Gedanken und Kriterien exemplifizierte Forster in seinen Aufsätzen zur englischen Literatur der Jahre 1788–1791 und in seiner »Geschichte der Kunst in England« vom Jahre 1789. Seine Richtschnur für den Wert der Belletristik, der wissenschaftlichen und der allgemein-publizistischen Literatur ist deshalb die Frage, wieweit sie zur Vervollkommnung der menschlichen Gesellschaft beitragen. Konkretisiert wird dieses Ziel durch die Aufhellung der Beziehungen zwischen der kulturellen Situation und dem politischen, gesellschaftlichen und sittlichen Zustand Englands. Den Aufsatz über die Literatur von 1788 leitet Forster mit seinen Gedanken über die Einwirkung der industriellen Revolution auf Literatur und Sprache ein. Am Anfang des Aufsatzes über die Literatur von 1789 verbreitet er sich über den Zustand der Literaturkritik, die Bedeutung der politischen Denkfreiheit und über den nachteiligen Einfluß der gelehrten Intoleranz.

Schriften Forsters:
Ueber Leckereyen.
Entstanden: Juni/Juli 1788
Erstdruck: Goettinger Taschen-Calender vom Jahr 1789 (Göttingen): Dietrich [1788]. S. 81-123
h. k. Neudruck: AA 8, 164-189

Fragment eines Briefes an einen deutschen Schriftsteller, über Schillers Götter Griechenlands.
Entstanden: Herbst 1788
Erstdruck: Neue Litteratur [-] und Völkerkunde (Archenholtz) Bd. 1, 1789, No. 5, Mai, S. 373-392
h. k. Neudruck: AA 7, 15-26

Geschichte der [Englischen] Litteratur [,vom Jahr 1788].
Entstanden: 24. - 28. Dez. 1788
Erstdruck: Archenhol[t]z, J[ohann] W[ilhelm] von: Annalen der Brittischen Geschichte (künftig: Archenholtz' Annalen) des Jahrs 1788. Bd. 1. Braunschweig: Archenholtz (1789). S. 283-337
h. k. Neudruck: AA 7, 57-82

Leitfaden zu einer künftigen Geschichte der Menschheit.
Entstanden: Ende Mai - Anfang Juni 1789
Erstdruck: Neues Deutsches Museum (Boie) Bd. 1, 1789, St. 3, Sept., S. 269 - 283
h. k. Neudruck: AA 8, 185 -193

Ueber Proselytenmacherei. An die Herausgeber der Berlinischen Monatsschrift.
Abgeschlossen: 7. Sept. 1789
Erstdruck: Berlinische Monatsschrift (Hrsg. Gedike u. Biester), Bd. 14, 1789, St. 12, S. 543-580
h. k. Neudruck: AA 8, 194-219

Die Kunst und das Zeitalter.
Entstanden: Herbst 1789
Erstdruck: Thalia (Schiller) H. 9, 1789, S. 91-109
h. k. Neudruck: AA 7, 15-26

Geschichte der Kunst in England [Vom Jahre 1789].
Abgeschlossen: Mitte Nov. 1789
Erstdruck: In Archenholtz' Annalen des Jahrs 1789. Bd. 3. Hamburg: Archenholz. 1790. S. 96-203
h. k. Neudruck: AA 7, 111 -162

Geschichte der [*Englischen*] *Litteratur* [*vom Jahr 1789*].
Abgeschlossen: 28. Dez. 1789
Erstdruck: In: Archenholtz' Annalen des Jahrs 1789. Bd. 3 Hamburg: Archenholz. 1790. S. 41 - 95
h. k. Neudruck: AA 7, 83 - 162

6. Weltgeschichte 1790 und ihre Verarbeitung
25. März 1790 - 20. Okt. 1792

Trotz seiner von den besten Denkern seiner Zeit anerkannten Essays, der zahlreichen Rezensionen (im Jahr 1789 allein 30) und einiger bedeutender Übersetzungen war Forster mit seiner Wirksamkeit nicht zufrieden. Seine wirtschaftliche Lage, Krankheit, seine Eheprobleme, der er nicht Herr wurde, und die Enge seiner Verhältnisse lasteten auf ihm. Sein auf die Freiheit des Bürgers gerichteter Geist mußte die politischen und religiösen Bedrückungen im geistlichen Feudalstaat um so mehr fühlen, als er nach Ausbruch der Französischen Revolution zu dem Urteil kam: »Schön ist es aber zu sehen, was die Philosophie in den Köpfen gereift und dann im Staate zustande gebracht hat [...]« (30. Juli 1789, W 4, 4, 570). Von der Nationalversammlung, die Teil der Feudalprivilegien aufhob (5. Aug.), sagte er, sie sei in der Welt noch ohne Beispiel. Der Mainzer Kurfürst steigerte seine konterrevoltionäre Politik. Dies alles trug dazu bei, daß Forster neue Kraft und neue Inspirationen suchte.

Von einer Reise nach England erwartete er Aufmunterung und geistige Bereicherung. Er verband einige konkrete Pläne mit dieser durch ein Restkapital aus der russischen Abfindung finanzierten Reise: So hoffte er z. B., von der englischen Regierung für seinen Vater und sich eine Entlohnung der Teilnahme an der Cookreise zu erhalten und einen Geldgeber und Verleger für ein umfassendes Werk über die Südsee zu finden. Beides gelang nicht, aber dennoch war diese Reise erfolgreich. Forsters Gefährte während der ganzen Dauer der Reise war der 21jährige Alexander von Humboldt. Er kannte Forster seit dem Spätherbst 1789 und verdankte ihm die Anregung zu seiner ersten selbständigen Veröffentlichung (über den Granit). War England, wo Forster tiefe Jugendeindrücke gewonnen hatte, das Ziel, so führte der Hin- und Rückweg durch Gebiete alter Kultur und aktueller politischer Ereignisse, verschärfter Klassenauseinandersetzungen.

Am 25. März 1790 reisten beide den Rhein abwärts über Düsseldorf und Aachen durch das Bistum Lüttich in die Österreichischen Niederlande (Löwen, Brüssel). Von Tournai aus führte ein Abstecher nach Frankreich (Lille, Dünkirchen). Die Küste entlang ging es zurück in die Österreichischen Niederlande - in Ostende sah Forster mit einer Bewegtheit, die Humboldt tief beeindruckte, nach 12 Jahren wieder das für ihn schicksalhafte Meer - und über Brügge, Gent, Antwerpen durch die Republik der Vereinigten Niederlande (Rotterdam, Den Haag, Amsterdam, Helvoetsluis) nach London. Von dort führte die Reise nach Westen und Norden über Windsor, Bristol, Birmingham bis Hope und von da südwärts über Derby, Coventry und Oxford nach Dover zur Überfahrt nach Calais. Durch die Picardie fuhr man über Amiens nach Paris. Da Forsters Urlaub zu Ende ging, mußte man nach fünf Tagen die französische Hauptstadt verlassen und erreichte, die Marne bis Châlons s. M. entlang und dann über Verdun und Metz fahrend, am 11. Juli 1790 Mainz.

Seine Reiseergebnisse zu veröffentlichen, riet Heyne seinem Schwiegersohn ab; er befürchtete dessen Offenherzigkeit in religiösen Dingen und seine allzu warme Anteilnahme an den revolutionären Vorgängen in Frankreich. Doch nicht nur die Notwendigkeit, etwas zu verdienen, sondern auch das Bedürfnis, wieder mit einem größeren Werk hervorzutreten und die Erlebnisse und Erkenntnisse zu offenbaren, die ihn reifer gemacht haben, veranlaßten ihn, das Werk zu schreiben, das seine geschlossenste und bedeutendste schriftstellerische Arbeit ist: *»Ansichten vom Niederrhein, von Brabant, Flandern, Holland, England und Frankreich, im April, Mai und Junius 1790«* (2 Bde.) Er benutzte dazu seine Reisenotizen und seine Briefe, von denen die an Therese gerichteten wahre Liebesbriefe waren. Leider ist die großartige Synthese und Weiterentwicklung aller in seinen bisherigen Schriften aufgeworfenen Gedanken und aller schriftstellerischen Erfahrung ein Fragment geblieben: Die Tagebuchblätter über die Erlebnisse in England und Frankreich, aus denen der 3. Teil herauswachsen sollte, hat der Autor unbearbeitet hinterlassen müssen. Dies Werk geht weit über das hinaus, was man bisher unter einer Reisebeschreibung verstand. Forster sucht die Weite des Lebens zu umfassen, die ihm begegnet: die geographischen und geologischen Bedingungen, die wirtschaftlichen und politischen Verhältnisse, die Nationalcharaktere und die Kultur der Völker.

So befaßte er sich anläßlich der Ereignisse in der freien Reichsstadt Aachen mit dem Verhältnis zwischen wirtschaftlicher und politischer Entwicklung. Dort hatte sich das Bürgertum selbst seine politische Ordnung gegeben, aber es herrschte anstelle des Despotismus einer Dynastie ein Despotismus der Zünfte. Er konnte entstehen, weil das Bürgertum an alten Wirtschaftsformen festhielt, die »aller Vervollkommnung der Fabriken und Handwerker« nachteilig waren. Forster fordert eine Anpassung der Verfassung an die wirtschaftliche und industrielle Entwicklung, an die »Bedürfnisse der Zeit und Umstände«, da eine solche Anpassung »natürlicher und menschlicher« ist und allein zur rechten bürgerlichen Freiheit und zu einem allgemeinen Wohlstand führt, vor allem auch die Lage »der geringeren Volksklasse« bessert. Es ist nicht zu bezweifeln, daß gerade die Erkenntnisse, die Forster in Aachen gewann und die in dem

Satz gipfelten: »Allein das schöne Schauspiel der Arbeitsamkeit bleibt das ausschließliche Eigentum freier Völker«, für seine Einsicht in das Verhältnis zwischen wirtschaftlicher Entwicklung und Staatsform und für seinen weiteren politischen Erkenntnisgewinn von großer Bedeutung waren. Es wurde Forster klar, daß der Feudalismus mit seiner Kleinproduktion, mit dem Stagnieren des Gewerbes und der Technik die Entwicklung der Wirtschaft hinderte. Forster sah, daß der Aufstieg des Bürgertums und die Erringung der Freiheit für das Bürgertum an die Entwicklung der Manufakturen, an den technischen Fortschritt, an die Beseitigung aller zunftmäßigen Schranken gegenüber Gewerbe, Handel und Verkehr geknüpft sind. Als Augenzeuge analysiert Forster die mißlungenen Volksaufstände in Lüttich und den Österreichischen Niederlanden (Brabant und Flandern). Im Bistum Lüttich stellte er sich eindeutig auf die Seite des Volkes, das - unterdrückt und ausgebeutet vom Klerus und Adel - verbriefte Rechte forderte, aber durch eine vom Reichskammergericht angeordnete Exekution zurechtgewiesen werden sollte und für seinen Freiheitssinn büßen mußte. Forster beschäftigt hier vor allem die Frage der Verfassung, der Abgrenzung der politischen Machtbereiche. Er warnt davor, um dem »kleineren Übel« abzuhelfen, »das Größere, den Umsturz« des Staates und die gänzliche Auflösung der Bande der Gesellschaft, zu bewirken. Noch hatte er nichts gegen einen Fürsten einzuwenden, der »der weiseste und beste Mann im Staat« ist, wenn er auch die Frage stellte, ob nicht etwa der Wechsel der Zeiten und Generationen die Beherrschten weiser und besser gemacht habe, die Regenten aber an Herz und Verstand habe verarmen lassen. Er geißelt die Geistlichkeit der Österreichischen Niederlande, die das Volk gegen die Reformen Josephs II., die Aufhebung der Leibeigenschaft, die Einschränkung der Herrschaft des Adels und der Kirche, aufputschte, stand aber den gegen verjährte Mißbräuche und Ungerechtigkeiten ankämpfenden Maßnahmen des Kaisers durchaus nicht kritiklos gegenüber. Forster erkannte die natürlichen Grenzen der Monarchie, nämlich daß es dem Fürsten, der ja stets »aus Willkür« handelt, nicht möglich ist, zu erreichen, was aus der Kraft des Volkes selbst errungen werden muß. Das Volk aber muß unbeeinflußt aus seinen Bedürfnissen und seiner wirklichen Situation heraus handeln können, damit seine Aktion ein wirklicher Fortschritt sein kann. Der Kaiser konnte das Volk nicht auf seiner Seite haben, da er in dem Bestreben, Österreich zu einem einheitlichen Staat mit starker wirtschaftlicher und politischer Kraft zu machen, die individuellen Rechte der Völker unterdrücken mußte. Zu verschieden seien diese in ihren »physischen und moralischen Anlagen, in Sitten und Gewohnheiten«, so daß die Absicht, diese

Verschiedenheit des nationalen Charakters »durch irgendeinen Mechanismus einschränken zu wollen«, »beinah eine Versündigung an der Natur« ist. Forster bedauert, daß innerhalb der Kämpfe in Brabant und Flandern nicht die Ideen der Französischen Revolution Fuß fassen konnten. Er betont, daß die »schlummernden Kräfte« des Volkes zu ungeahnter Wirksamkeit geweckt werden könnten, wenn das Volk die Möglichkeit zu neuer, stärkerer wirtschaftlicher Betätigung hätte.

In der Republik der Vereinigten Niederlande, in der die erste siegreiche bürgerliche Revolution Europas den feudalen Absolutismus abschaffte, findet sich Forster »auf dem Boden der wahren, nicht der eingebildeten Freiheit und im Lande des Fleißes«, »wo der Mensch seine Bestimmung, des Lebens froh zu werden, erreicht, wo der gemeinste Bauer die Vorteile einer gesunden und bequemen Wohnung genießt«. Im Anschluß stellt er seinem deutschen Leser die Frage: »Kann man diese Menschen sehen und fragen, ob es besser sei, daß mit dem Blut und Schweiße des Landmannes, der in elenden Hütten sein kümmerliches Leben hinbringt, die stolzen Paläste der Tyrannen zusammengekittet werden?« Indessen, bei näherer Betrachtung der verschlechterten wirtschaftlichen Verhältnisse auf der einen und der »Einführung des Luxus« auf der anderen Seite wird sein Bild differenzierter. Das Land leidet noch unter den Nachwirkungen der Erhebung der »Patrioten« (1786/88) gegen den Erbstatthalter, dessen Macht, nach der Besiegung seiner Gegner mit preußischer Hilfe, wieder befestigt worden war. Forster meint: »*Eine* Aristokratie wollte die andere vertreiben«, denn es ging nicht um gesellschaftliche Besserungen, sondern nur um die Oberhand im Staate. Bei seinen bunten und belebten Schilderungen des öffentlichen und privaten Lebens weist Forster immer wieder auf die Unterschiede zwischen den Reichen und der »arbeitenden Klasse der Bürger«, den »mittleren« und den »geringeren Volksklassen«, hin. Die Museen und Naturalienkabinette, die wissenschaftlichen Fortschritte und deren Förderer finden Forsters hohe Anerkennung, die Landschaften und Städtebilder seine poetische Beschreibung. Am Schluß stellt er noch einmal die Erfahrung von Brabant denen von Holland gegenüber:

»Das Bild einer freien und arbeitsamen, gesunden und wohlgekleideten, genügsamen und reinlichen, gutgearteten und durch Erziehung zu einer auf Grundsatz ruhenden Tugend gebildeten Nation - sei auch mit ihrer Ruhe Gleichgültigkeit und Kälte, mit ihrer Einfalt Einseitigkeit und Beschränktheit, mit ihrer Emsigkeit kleinliche Liebe des toten Eigentumes zuweilen unvermeidlich verbunden - bleibt uns dennoch ein erfreuliches, versöhnendes Exemplar der Menschheit, das uns zumal für jenen scheußlichen Anblick belohnt, den die erschlaffte, zur herz- und geisttötenden Sklaverei unter dem Joche der papistischen Hierarchie so tief herabgesunkene menschliche Natur in Brabant, bei so viel mehr versprechenden Anlagen, uns gewährte« (W 4, 2, 757).

Unter »Volk« versteht Forster die werktätigen Klassen und Schichten. Die Volksmassen werden ihm immer mehr zu den Trägern und Bürgen der gesellschaftlichen Veränderung. Somit gilt für ihn: »das Schicksal der zahlreichsten Klasse hat auch den ersten Anspruch auf den Beobachter«. Bei aller Sympathie mit den Kräften, die mit ihrer Erhebung dem gesellschaftlichen Fortschritt dienten, muß er - als Resümee seiner Reise bis Holland - feststellen, daß das Volk nirgends zu einer dauerhaften Revolution reif sei, zu einer Veränderung »weder der kirchlichen noch der politischen Verfassung«. Der Grund: »Überall fehlt das Organ, wodurch der Geist der Gärung in dasselbe übergehen, sich mit ihm verbinden und eine gemeinschaftliche, vorbereitende Stimmung bewirken soll«.

Als Forster 35jährig England betritt, das er vor 12 Jahren verlassen hatte, sieht er das Land der zweiten siegreichen bürgerlichen Revolution mit neuen Augen. Sein Bekenntnis zu den Errungenschaften der bürgerlichen Demokratie in England kommt innerhalb seiner Reiseaufzeichnungen vielfältig zum Ausdruck. Die Einwirkung der Demokratie auf die Entwicklung der Wissenschaft und Manufaktur und auf das öffentliche Leben in Museen und Kabinetten, im Theater, Musiksaal, in der Gerichtshalle und Literatur ist ihm augenfällig. Er entdeckt für sich die Schönheiten englischer Landschaften und Bauwerke und untersucht kritisch die Verhältnisse der Arbeiter in Birmingham und Soho, die wirtschaftlichen und physischen Bedingungen ihrer Arbeit. Immer wieder registriert er in seinen »Ansichten« die sozialen Verhältnisse der »zahlreichsten Klasse«. Im Rheintal bemerkt er die »unsichere Subsistenz« der Weinbergarbeiter und führt darauf ihre Sittenlosigkeit zurück. Da im Gegensatz zu ihnen der Landeigentümer »freilich einen ins Auge fallenden Gewinn vom Weinbau« hat, fragt Forster, »ob dieser Gewinn der Gutsbesitzer den Staat für die hingeopferte Moralität seiner Glieder hinlänglich entschädigen kann«. In seinem Bericht über Köln grenzt er von der Moral der arbeitenden Klasse die Verderbtheit des Lumpenproletariats der umfangreichen Bettlerbanden ab, die er als willige Werkzeuge in den Händen einer herrschgierigen Kleresei kennzeichnet. Bei der Betrachtung der Manufaktur in Aachen macht Forster den Vorschlag, anstelle der Heimspinnerei der Dorfarmen »fabrikenmäßige Anstalten« einzurichten, »wo die Spinner einerlei Licht, Wärme und Obdach genössen«, so daß »eine eigene, arbeitsame Klasse von Menschen sich bloß diesem Gewerbe ergeben und davon allein subsistieren könnte«. Natürlich müsse man untersuchen, wie man den Verlust des Landmanns an Nebenverdienst kompensieren kann. In diesem Zusammenhang macht Forster eine die überholte feudalistische Wirtschaft kennzeichnende Bemerkung: »Der ungeheure Druck, unter welchem der Landmann« seufze, bleibe »das erste und unüberwindbare Hindernis, welches sich der Vervollkommnung aller Zweige der Industrie entgegensetzt«. Er wendet sich gegen »die ganze neue Staatswirtschaft, durch das der Untertan, genau wie der Negersklav in den Zuckerinseln, nur nicht unter derselben Benennung, zum Lasttier herabgewürdigt wird«. Forster hält die Entwicklung kapitalistischer Produktionsverhältnisse, wenn durch sie eine Hebung des Lebensniveaus und damit der Bildung des Arbeiters erreicht wird, für das Mittel der Abhilfe, wo »die äußerste Armut den Handarbeiter drückt«. In dem damals schon industriell hochentwickelten Birmingham nun erfuhr er, »wie sehr die Arbeit gewisser mechanischen Künste die Seele stumpf läßt; wie streng auch in den freiesten Ländern die Disziplin einer großen Manufaktur ist, und wie sehr der durch stete Nahrungssorgen gedrückte Geist es bedarf, wenigstens periodisch erweckt, auf größere Zwecke geleitet und des wohltätigen Gefühl von seinem eigenen Wert kundig zu werden«.

So sehr Forster die Vorzüge der englischen Verfassung erkennt und anerkennt, so steht er doch ihr und mehr noch der politischen Entwicklung in England kritisch gegenüber. Er sieht hauptsächlich zwei Gründe, die verhindern, daß sich in England die bürgerliche Freiheit uneingeschränkt als eine politische Freiheit entfalten kann: Die ungleiche Vertretung des Volkes im Parlament, die der Krone einen großen Einfluß sichert und zu Bestechungen führt, und der »hierarchische Despotismus der anglikanischen Kirche«. Die herrschenden Schichten der englischen Demokratie waren nach Forster starr und eifersüchtig darauf bedacht, ohne Rücksicht auf die fortschreitende ökonomische Entwicklung das bisher Erreichte zu bewahren, und so verschlossen sie sich jeder Neuerung. Des Beobachters Blick ist durch die Ereignisse der Französischen Revolution geschärft.

Zwar tritt diese als Beobachtungsobjekt im fragmentarischen 3. Teil nur aphoristisch in Erscheinung - die Pariser Eindrücke werden dort nicht behandelt. Aber in den Briefen, die Forster nach seiner Rückkehr schrieb, sind seine Eindrücke wiedergegeben: Der schnelle Flug durch Frankreich sei hinreichend gewesen, ihn zu überzeugen, daß dort an keine Gegenrevolution zu denken sei. »Alles ist ruhig, alles verspricht den besten Erfolg der neuen Einrichtungen«. Stark beeindruckten den Reisenden vor allem zwei Dinge:

Einmal die Vorbereitungen zu der großen Nationalfeier auf dem Märzfeld anläßlich des ersten Jahrestages des Sturms auf die Bastille. Der »Enthusiasmus im Volke«, der ihm entgegenschlug, war »herzerhebend, weil er so ganz allgemein durch alle Klassen des Volks geht«. Gern hätte er dies »erste Bundesfest der wiedererrungenen Freiheit« miterlebt, aber sein Urlaub ging zu Ende. Zweitens bewunderte Forster die »Selbstverleugnung, die einen hohen moralischen Genuß nicht ausschließt«: »Wir leiden manches«, sagten ihm viele, »und kämpfen jetzt mit vielem Ungemach; selbst unser Vermögen wird eine große Verminderung leiden; aber wir wissen, unsere Kinder werden's uns danken, denn ihnen kommt es zugute« (W 4, 4, 610 f.).

Forsters wache und kritische Beobachtung der politischen Geschehnisse steht in engster Beziehung zu den humanistischen Tendenzen, die seinen ästhetischen Ansichten innewohnen und verstärken deren Realismus. Wenn die Kunst nicht von der Wirklichkeit des menschlichen Seins und Lebens ausgeht, muß sie »ihre gewohnte Wirkung verfehlen und auf alle Herrschaft über die Gemüter Verzicht tun«. Als Widerspiegelung der Wirklichkeit aber dient die Kunst dem fortschreitenden Leben; sie ist »Spur der lebendigwirkenden, umformenden Menschheit«. Ihre »menschliche Schönheit«, ihre ästhetischen Werte sind eine Folge davon, daß wir Menschen in der Auseinandersetzung mit immer »neuen Verhältnissen, neuen Verwicklungen« durch einen immer »neuen Kampf unserer Kräfte mit den Kräften des Weltalls« neue wirkungsvolle Inhalte gestalten und die ansprechenden Formen finden können. Die zeitgenössische Bedeutung der Kunst besteht für Forster jedoch nicht allein in neuem künstlerischem Schaffen und in der ästhetischen Bewältigung der Gegenwart, z. B. in Theater und Musik. Kunsterleben ist auch Erleben des künstlerischen Erbes. So lenkt er den Blick des Lesers auf die Möglichkeiten der Anreicherung des bürgerlichen Humanismus durch die echten, neu zu erschließenden Kunstwerke der Vergangenheit. Wir finden ihn Bauwerke, Skulpturen und Gemälde kritisieren und bewundern und die gegenständlich-praktische Anschauung zur Klärung und Verdeutlichung seiner ästhetischen Theorie verwenden. Beim Besuch des Kölner Doms, damals ein Doppeltorso, an dem seit rund 300 Jahren nicht weitergebaut worden war, wird Forster die Gotik zum Sinnbild für des Menschen »Übermut des künstlerischen Beginnens«, für das »Unaufhaltsame« des menschlichen Geistes und inspiriert ihn - in Begleitung Ifflands - zu einer brillanten Betrachtung *»Ueber die Humanität des Künstlers«* (Schauspielers), die Schiller in seinem Wallenstein-Prolog widerklingen läßt. Das Wort: »Es ist sehr zu bedauern, daß ein so prächtiges Gebäude unvollendet bleiben muß«, veranlaßte später Sulpiz Boisserée, die alten Pläne zu beschaffen und den Weiterbau des Kölner Doms erfolgreich zu propagieren.

Das Besondere des Forsterschen Meisterwerkes liegt zunächst einmal darin, daß Forster hier seine naturgeschichtliche Methode und seine mit ihr gewonnenen Erkenntnisse von Natur und menschlicher Gesellschaft auf alle Gegenstände, insbesondere die gesellschaftlich-politischen und ästhetischen Objekte seiner Beobachung, anwendet. Er gibt seiner Darstellung dadurch eine innere Bewegtheit, einen antithetischen Charakter, daß er die behandelten Gegenstände in die Spannung zwischen dem Faktischen-Objektiven und dessen Widerspiegelung im Geiste und Gefühle des Beobachters hineinstellt. Deshalb wählt er für seine Reisebeschreibung bewußt den doppelsinnigen Titel »Ansichten«. In ihm soll die dynamische Beziehung zwischen dem sinnlich Erfaßbaren und der Reflexion beschlossen liegen. Er will durch Ansichten zu Einsichten führen. Immer wieder geht Forster vom einzelnen Gegenstand zum Allgemeinen: von der Schilderung einer Kutschenfabrik zu der Verdammung der »Tyrannei der Stände«, die den Handel beeinträchtigt; das bedeutet aber auch, das Allgemeine sinnfällig im Einzelnen nachzuweisen. Die großflächige Landschaft des Berichteten und Betrachteten ist nie monoton: Es wird Herausragendes sichtbar, und wem Gewicht gegeben wird, das ist in der Tat gewichtig. Die Lebensbereiche, die Kulminationen für die Emanzipation des Bürgertums sind, finden besondere Behandlung: die Wirtschaft, die Wissenschaft und die Kunst. Der Stapellauf eines holländischen Schiffes, Herschels Teleskop und die Düsseldorfer Gemäldegalerie schließen sich auf diese Weise zu höherer Einheit zusammen.

Der Titel »Ansichten« soll auch die »flüchtige« Form des Werkes charakterisieren, die eng mit seiner didaktischen Absicht und dem Wechselspiel von Realität und Reflexion zusammenhängt. Es kommt ihm nicht darauf an, überall abgeschlossene Überlegungen zu geben, alles abzurunden, jeden Widerspruch aufzulösen, sondern er will Denkanstöße geben, dem Leser Materialien zu eigener Bewältigung bieten; er scheut sich nicht, abzuschweifen, sucht immer wieder die Selbstverständigung. Aber dennoch ist überall eine klare Grundhaltung erkennbar, die die Vielfalt des Bewegten zu einer Einheit zusammenfaßt. Die »Ansichten« stellen eine neue literarische Gattung dar, in der Elemente des Briefes, des Berichtes, der Abhandlung, der Schilderung, der Polemik, der Meditation und der Plauderei künstlerisch miteinander verbunden sind. Solche Gestaltung der Reiseergebnisse ermöglichte es Forster, ganz seinem schriftstellerischen Temperament zu folgen, seine Niederschrift mit seiner starken Impulsivität, mit der ganzen Fülle seiner Persönlichkeit zu durchdringen, ferner aber auch, die einzelnen Dinge und Begebenheiten aufleuchten zu lassen und ihnen eine höhere Wirklichkeit zu geben. Das Ergebnis ist: Unmittelbarkeit, Lebendigkeit und Farbigkeit der Darstellung, die zwar größere Anforderung an die Mitarbeit des Lesers stellt, aber auch von größerem Reiz ist für den Leser, den selbständiges Denken befriedigt. Die Haltung des entschiedenen bürgerlichen Demokraten findet hier in hervorragender Weise ihre literarische Form. Die »Ansichten« zeigen Forsters mit eindrucksvoller schriftstellerischer Gewandtheit realisiertes Bestreben, den Menschen - unter zunehmender Berücksichtigung des materiellen Lebens - in der Gesellschaft und diese als ein vielfältiges Bezugs- und Wirkungssystem zu sehen und dabei die für den gesellschaftlichen Fortschritt wichtigsten Wesenszüge und Entwicklungstendenzen der Erscheinungen herauszuarbeiten. Das Werk, dessen Entstehung sich über 20 politisch ereignis- und aufschlußreiche Monate hinzog, zeigt seinen Autor auf dem Übergang vom bürgerlich-humanistischen Aufklärer zum revolutionären bürgerlichen Demokraten.

Forster sah es als selbstverständlich an, daß Spener das Buch herausbrachte. Dieser lehnte ab, weil er mit den Forderungen des Autors nicht einverstanden war; vielleicht aber hatte er nicht nur kaufmännische Bedenken. So kam es zu einem Bruch mit dem Freund, dem Forster 18 Jahre lang verbunden war. Den Verlag übernahm der Berliner Buchhändler Voß, der viel für das Buch und weiterhin für den Autor tat. Forsters Arbeit an den »Ansichten« war wie die an seiner ersten Reisebeschreibung durch widrige Umstände beeinträchtigt. Ihn lähmte vor allem die politische Situation im Kurfürstentum. »Alles ist hier leer und flach und schief obendrein«, schrieb er damals an Dohm, »die natürliche Folge der Greuel einer geistlichen Verfassung« (W 4, 4, 653). Als die Universitätsbibliothek endlich in einer Kirche eingerichtet werden sollte, erhielt die Universität einen anonymen Drohbrief: das sei wohl der Dank der Protestanten für das gute Mainzer Brot. Ferner war seine Ehe in eine tödliche Krise getreten. Während seiner Reise war das Verhältnis zwischen seiner damals sechsundzwanzigjährigen Frau und seinem Freunde Huber intimer geworden. Fand sich Forster, Therese aus tiefstem Herzen liebend, auch äußerlich mit der Teilung seiner ehelichen Gemeinschaft mit einem Dritten ab, so war er doch tief getroffen. Zwei Kinder starben, wenige Monate alt, 1791 und 1792. Alle diese Sorgen und Hemmnisse bewirkten, daß Forster sich mit Brotarbeiten befaßte und nicht die Zeit und Kraft fand, die »Ansichten« fertigzustellen.

Diese Arbeiten stehen weitgehend mit seiner letzten Reise und mit den Ereignissen des Jahres 1790 in Verbindung. In seinen Aufsätzen über die Geschichte der englischen Literatur der Jahre 1788 bis 1791 geht es ihm um die Frage, wieweit die Literatur eines Landes von dessen wirtschaftlicher und politischer Entwicklung abhängig ist. Er zeigt, daß der Sprachstil, die Schreibart eines Volkes, die unverkennbaren »Merkmale der Umwandlung und des Fortschrittes« trägt, daß durch die politische Situation neue Dichtungsarten entstehen, wie in England die politische Satire, daß bisher unbeachtete Formen der Literatur Geltung bekommen, wie er am Beispiel der Redekunst nachweist. »Das schönste Lob der freien Staatsverwaltung« sei die »mit der größten Freimütigkeit verbundene Mäßigung«, die »gutmütige Laune, die das Bewußtsein der Freiheit hervorbringt und die mit dem Wüten einiger Schriftsteller, welche sich unter dem Zepter eines Despoten emanzipieren, den auffallendsten Kontrast bildet«. In England sei die allgemein anerkannte Freiheit, zu schreiben und drucken zu lassen, und der langwährende Besitz dieses Vorrechts eine kräftigwirkende Ursache, »weshalb die Schriftsteller in England ohne allen Vergleich mehr Ehrfurcht gegen das Publikum, mehr Gefühl von dem, was man ihm schuldig sei, und mehr Selbstachtung als die unsrigen zu erkennen geben«. Dies wiederum habe einen Einfluß auf die Gewandheit im Ausdruck, die Klarheit des Gedankengangs, überhaupt den »Kunstsinn der Schriftstellerei«. So stellt er die Grundzüge der Literatur eines bürgerlich-demokratischen Staates denen der feudal-absolutistischen Staaten gegenüber. Der Aufsatz über die Literatur von 1790, auf den Reiseeinsichten in England und Frankreich basierend, enthält grundsätzliche Betrachtungen über die gesellschaftliche Situation der Insel beim Ausbruch der Französischen Revolution, eine eigenständige Darstellung der Bewegungen, die gegen die »Gebrechen der britischen Verfassung« gerichtet sind, eine Abwehr der Angriffe des englischen Politikers Burke gegen die Französische Revolution und eine Bewertung der Aufnahme, die diese in der englischen Öffentlichkeit fanden.

In seinem Bestreben, die Literatur fremder Völker dem deutschen Volke zu erschließen, machte Forster in England einen beglückenden Fund: Er entdeckte eine Übertragung des indischen Dramas »Sakontala« von Kalidasa in das Englische und griff begeistert danach. In England bereits begann er mit der Übersetzung ins Deutsche, die er nach seiner Rückkehr in Mainz vollendete. Mit der Vermittlung dieses Werkes wollte Forster in das humanistische Ideal der Klassik über die griechische Antike hinaus die alte asiatische Literatur mit einbeziehen. Das bedeutete für das Weltbild der Klassik mehr als eine nur quantitative Bereicherung. Es lag darin die Forderung, daß sich das Humanitätsideal auf alles, was Menschenantlitz trägt, erstrecken soll. Seit seiner Weltreise bekämpfte Forster ja die Überheblichkeit des Europäers. In seiner Schrift gegen Kant hatte er den Weißen vorgeworfen, »stolz und selbstzufrieden« zu wähnen, den Geist der Ordnung und Kultur überall dorthin zu tragen, wohin sie dringen, und sich nicht zu schämen, »am Schwachen« ihre »Kraft zu mißbrauchen«, statt »den heiligen Funken der Vernunft« in den Bewohnern Afrikas zu entwickeln. In seinem »Leitfaden« und an anderen Stellen hatte er sich gegen die Rassentheorie Meiners gewandt, und nicht zuletzt auch hatte er durch seine von Goethe anerkennend aufgenommene Übersetzung der Robinsonade auf den Palau-Inseln (*»Nachrichten von den Pelew-Inseln...«*, 1789) ein besonders eindrucksvolles Bild von Südseeinsulanern geben wollen, die sich den Schiffbrüchigen gegenüber hilfsbereit und gutmütig verhielten. Nun bewies Forster mit der *»Sakontala«*, »daß die zartesten Empfindungen, deren das menschliche Herz fähig ist, sich so gut am Ganges und bei dunkelbraunen Menschen wie am Rhein, am Tiber, am Illissus bei unserem weißen Geschlechte äußern konnten«, und bot ein wirkungsvolles Zeugnis für die hohe Kultur brauner Menschen.

Forster veröffentlichte eine Reihe von Übersetzungen, durch die er ausländische Literatur, vor allem Reisebeschreibungen, die den Blick des deutschen Bürgers weiten, ihn im Sinne der historischen Aufgabe des Bürgertums an Kenntnissen bereichern sollen, für den deutschen Sprachraum erschließt. Er gab 13 Bände *»Neuer Beiträge zur Völker- und Länderkunde«* (mit Sprengel, Leipzig 1790/93) und drei Bände einer *»Geschichte der Reisen, die seit Cook an der Nordwest- und Nordostküste von Amerika und in dem nördlichen Amerika selbst... unternommen worden sind«* (Berlin 1791) heraus. Angesichts der Flut der Abenteuer- und Entdeckungsliteratur spielte die Frage des Wahrheitsgehaltes solcher Publikationen eine bedeutende Rolle. In dem Aufsatz *»Ueber historische Glaubwürdigkeit«* - ursprünglich das Vorwort zu der von Forster redigierten Übersetzung der Memoiren des ungarisch-polnischen Abenteurers und Forschungsreisenden Graf von Benjowski - erweitert Forster die Frage nach der Glaubwürdigkeit zum Problem der Wahrheit im literarischen Werk und dessen »Einfluß auf die Bildung des Menschengeschlechts«. Eine Dichtung besteht aus wahren Elementen, die durch die gestaltende Kraft der dichterischen Phantasie zu einem Ganzen vereinigt sind; aber nicht die apodiktische Wahrheit ist es, was den Leser in Bann schlägt, sondern die Wahrscheinlichkeit, wo »die Phantasie unmittelbar zur Phantasie redet«. Gerade die Beispiele außergewöhnlicher Leistungen und besonders großer Kraftanstrengungen hätten eine anfeuernde Wirkung auf die Menschen, denen man die Grenzpfähle ins schier Unerreichbare stecken müsse. Die Forderung Forsters nach »Idealisierung« wird am Beispiel einer besonders aktuellen und von Gelehrten vielfach geschmähten Literaturgattung erläutert. Den humanistischen Gehalt dieser ästhetischen Grundhaltung erhellt Forsters Wort, daß er schon befriedigt sei, wenn die Memoiren des Abenteurers auch nur einen einzigen Menschen begeistern würden, »der Unterdrückung Trotz zu bieten, und als *Mensch* sich zu behaupten«.

In engem Zusammenhang mit der Tendenz seiner »Sakontala«-Bearbeitung steht der Aufsatz *»Ueber lokale und allgemeine Bildung«*. Aus dem Gedanken, daß »jedes Land seine Eigenheiten« hat - die geographischen, wirtschaftlichen und politischen Gegebenheiten -, folgert Forster, daß diese Eigenheiten »auf die Geisteskräfte und die Organisation der Einwohner zurückwirken«. Wenn man nun die verschiedenen Individualitäten der Kulturen der Völker miteinander vergleicht und das Gemeinsame herausschält, das Forster »die allgemeine Bildung« nennt, vermag man davon die nationale Besonderheiten, die jeweilige »lokale Bildung« abzusondern, und man wird auf diese Weise den »richtigen Begriff der Menschheit« erhalten. Dieser Begriff umschließt nach Forster also das Individuelle (Lokale) wie das Gemeinsame (Allgemeine). Damit gab Forster der vergleichenden Kulturgeschichte im Anschluß an die Bemühungen Lessings und an Herders bahnbrechende Arbeit eine neue fruchtbare Konzeption. Im Sinne dieser Konzeption schrieb Herder seine »Briefe zur Beförderung der Humanität« (1793) und entwickelte eine neue Auffassung der Literaturgeschichte. Forster fordert, dem »Lokalen« besondere Beachtung zu schenken, da es das Bild von der menschlichen Kultur um wertvolle Einzelzüge bereichert. Die vordarwinistische Gedankengänge des »Leitfadens« und der Schrift »Ueber Proselytenmacherei« weiterführend, zeigt Forster in diesem Aufsatz zunächst die Abhängigkeit der Lokalen Bildung und ihrer Entwicklung von den materiellen Voraussetzungen. Die nächste Stufe der sittlichen Vollendung des Menschen - so fordert er - müsse in einer allseitigen Bildung bestehen, in der sich Vernunft und Empfindung vereinigen. Forster sieht in dieser Forderung ein wichtiges Problem der Humanität.

Mit den weltökonomischen Problemen und insbesondere dem Thema des Handels beschäftigt sich Forster in der umfangreichen Vorwort-Schrift *»Die Nordwestküste von Amerika, und der dortige Pelzhandel«*, die er einige Monate später durch die *»Vorläufige Schilderung des Nordens von Amerika«* ergänzte. Diese beiden Arbeiten - besonders die erste, stärker durchgearbeitete - sind ein geographisches Gegenstück zum »Brodbaum« und ein weiteres Muster für das, was von A. von Humboldt Forster als »vergleichende Völker- und Länderkunde« bescheinigte. Forster bezieht in sein Spezialthema den gesamten historischen, klimatologischen, ethnographischen, ökonomischen, zeitgeschichtlichen und politischen Umkreis ein. Er kennzeichnet in den ersten Paragraphen den auf dem »Bedürfnisse des Jahrhunderts« und den »Merkwürdigkeiten dieser Zeit« (zu denen das »Phänomen der politischen und bürgerlichen Freiheit« gehöre) beruhenden Stand der Wissenschaft um 1790 und prophezeit eine neue Qualität zahlreicher Disziplinen und der interdisziplinären Zusammenschau. Er fragt: Wenn sich uns zu den vorhandenen Materialien »noch die Antriebe des Bedürfnisses und der Notwendigkeit gesellen, um uns im gegenwärten Zeitpunkte die schnellere Anwendung und Entwickelung unserer Geisteskräfte zum Gesetze zu machen; wird alsdann nicht von selbst folgen, daß so viele Zweige des Wissens, die man sonst trocken, ermüdend, unwichtig fand und der Spekulation oder dem Pedantismus überließ, jetzt ein allgemeines Interesse erhalten, sich mit dem ganzen System unserer Vorstellungen verweben und auf unsere Tätigkeit zurückwirken müssen?« Das sind für Forster letzten Endes Folgen der »vaterländischen Betriebsamkeit«, um die sich die englische Handelspolitik, die Tätigkeit des »spekulierenden Kaufmanns« drehe. Wenn Forster die Ausweitung und politische Stützung des Handels damit begründet, daß England eine »fabrizierende Nation« ist, so steht dahinter die immer deutlichere Entwicklung der Produktivkräfte durch die kapitalistische Produktionsweise.

Eine »bewunderungswürdige« (W 4, 4, 661) literarische Frucht des Jahres 1790 war für Forster Thomas Paines »The Rights of Man«. Er ließ dies Buch von Margarete Sophia Forkel zusammen mit der französischen Konstitutionsakte übertragen, revidierte die Übersetzung und schrieb ein Vorwort dazu. Paines Abwehr der Angriffe des englischen Staatsmanns Burke auf die neue französische Verfassung kam Forster gelegen. Im Vorwort findet man ausgesprochen, was in den »Ansichten« vorbereitet war: Die Ursachen des Umsturzes sind unbefriedigende gesellschaftliche Verhältnisse, des Volkes Anspruch auf revolutionäre Änderung einer Verfassung ist verständlich. »Keiner Theorie zu Gefallen ward noch je eine Staatsverfassung umgestürzt; *nur* die positive Erfahrung des Übels *wirkt das tätige Verlangen nach dem Guten,* nur die allgemeine Not zerreisset die Bande der Gesellschaft, - und wenn sie dann getrennt werden *müssen,* wem könnte der blutige Aufruhr eines rohen ungebildeten Pöbels wünschenswerter erscheinen als die minder leidenschaftlichen Aufwallungen erleuchteter, gesitteter, mit Kenntnis und Einsicht vorbereiteter Menschen?« Mit einer provozierenden Ironie betont er, daß es »unterhaltend« zu sehen ist, wie Paine mit seinen durch die amerikanischen Verhältnisse geprägten Denkformen »absurd [...] findet, woran er nicht gewöhnt ist«, nämlich die feudalen Zustände. Bitter wird die Ironie, wenn Forster Paine »eine natürliche Anlage zur Fürstenliebe« zuschreibt, da er einmal dem Wunsch Ausdruck gab, alle Könige »in der *glücklichen* und ehrenvollen Lage des Privatmannes zu sehen«, und hinzufügt, Paine wisse nicht, »wie glücklich ein König ist, den ohne alle persönlichen Verdienste schon seine Würde mit Ehren überschüttet«. Forster gibt mit dieser Vorrede eine ebenso geschickt verhüllte wie klare Verteidigung Paines und des Rechtes auf Revolution.

In enger thematischer Beziehung zur Paine-Vorrede steht Forsters Rezension (Göttingische gelehrte Anzeigen, Januar 1792) von Brissots »Nouveau voyage dans les Etats-Unix de l'Amérique septentrionale, fait en 1788« (3 Bde. Paris 1791), die besonderes Aufsehen erregte und Heynes Warnung hervorrief: Forster solle seinen eigenen Freiheitseifer so sehr mäßigen und zurückhalten, als es nur immer die Klugheit erfordert, es werde der Umsturz der etablierten Gouvernements in einigen Stellen so ziemlich klar gepredigt. Forster bescheinigt dem Buch, daß es »eine Stimmung des Lesers« hervorbringe, »welche mit dem Verfasser in der Bewunderung der unglaublich schnellen Wirkungen der amerikanischen Emanzipation sympathisieren kann« und hebt als Hauptresultat der Reisebeschreibung hervor, daß die Nordamerikaner fünf Jahre nach einem verheerenden Krieg durch ihre freie Verfassung dem Staate Sicherheit, Wohlstand, Achtung verschaffen und dem Bürger »ruhigen, weisen Genuß ihres Fleißes und das edle Bewußtsein ihrer Menschenwürde geben konnten«. Bei der Kontroverse mit Heyne legt Forster seine Rezensionsprinzipien dar. Er lehnt den »pedantischen Ton« ebenso ab wie die Meinung, »man müsse im Tadeln seine Weisheit zeigen« oder blindlings loben, er will nur gewissenhaft exzerpieren und den Geist des Autors darstellen. Wenn man aber in dem Göttinger Blatt nur noch entschieden aristokratisch referiert haben wolle, so würde man sicher Leute finden, die »gerade so rezensieren, wie es die Weisheit der hannöverischen Universitätskuratel und die Unmündigkeit des Publikums verlangt« (W 4, 4, 695).

Gleichfalls 1790 waren in Paris »Les ruins, ou méditations sur les révolutions des empires« des französischen Publizisten und Politikers Comte de Volney erschienen. Forster fand dies - die Französische Revolution vorausschauende und eine Utopie der durch die Revolution geprägten neuen Epoche enthaltende - Werk diskussionswert, ließ es von M. S. Forkel übersetzen und formulierte Würdigung und Kritik in einer Vorrede, die später den Titel *»Ueber den gelehrten Zunftzwang«* erhielt. Er sah in dem Projekt, das Leben der Menschen - wenn auch durchaus zu ihrer Befreiung von geistiger und materieller Unterdrückung - völlig von wissenschaftlichen Forschungen bestimmen zu lassen, die Gefahr eines lebensfeindlichen Rationalismus, die Unterdrückung des lebensnotwendigen »Durstes nach Erkenntnis und Wahrheit«. Weit bedenklicher als die »Versuche geistlicher und weltlicher Unterdrücker, dem freien Untersuchungsgeiste Fesseln anzulegen«, ist für Forster jener geistige Despotismus, der die Ergebnisse seines Forschens zu Machtsprüchen und Gesetzen erhebt, gegen die es keine Berufung gibt. Damit wendet er sich gegen die verfolgungssüchtige anmaßende Beschränktheit zeitgenössischer »Aufklärer«. Er löste allerdings mit seiner Gegenüberstellung von phantomhafter »allgemeiner Vernunft« und realer »subjektiver Vernunft« noch nicht das Problem der wissenschaftlichen Vernunft und erkannte erst in der revolutionären Praxis deutlicher die Funktion der Vernunft und das Wesen der Wahrheit innerhalb der politisch-gesellschaftlichen Prozesse. Der agressive, fast erbittert-kämpferische Ton dieser Schrift rührt zweifellos davon her, daß Forster in Mainz bittere Erfahrungen mit Versuchen, den Gebrauch der Vernunft despotisch einzuschränken, machen mußte. In der Abwehr aller geistigen Despotie und dem Streben nach Wahrheit und Erkenntnis sieht er eine starke Waffe des sich befreienden Bürgertums.

Es ist bemerkenswert, wie stark das dem Ausbruch der Französischen Revolution folgende Jahr 1790, in dem die ersten Auswirkungen der großen politischen Ereignisse außerhalb Frankreichs spürbar wurden - sei es als Aktion oder Reaktion -, einer Zeit, in der der denkende Bürger Deutschlands im besonderen Maße zur Selbstverständigung aufgerufen war, einen Mittelpunkt der schriftstellerischen Arbeit Forsters bildete. Stellen die »Ansichten« die persönlich erfahrene Bestandsaufnahme über die westeuropäischen Verhältnisse des Jahres 1790 auf allen Gebieten des Lebens dar, so sind - wie auch die *»Geschichte der Englischen Litteratur vom Jahre 1790«* und zahlreiche Rezensionen - den politischen Ereignissen dieses Jahres die Arbeit *»Revolutionen und Gegenrevolutionen aus dem Jahr 1790«* und das Buch *»Erinnerungen aus dem Jahr 1790«* gewidmet. In der erstgenannten Schrift weist Forster nach, daß die Unruhen in Belgien, Lüttich, Ungarn, Polen und Schweden, so sehr sie von den internationalen Zeitereignissen beeinflußt oder hervorgerufen (Reformen Josephs II.) sein mögen, doch nur aus der jeweiligen unterschiedlichen nationalen Situation heraus zu begreifen sind. Forster versteht diese politischen Vorgänge als Kennzeichen des absterbenden feudalen Charakters der europäischen Länder, des »morschen Baus [...], den die Jahrhunderte lange untergruben«, und des Heraufkommens neuer sozialer Verhältnisse. Die Machtkämpfe zwischen den Fürsten und den privilegierten Ständen des feudalen Systems, der weltlichen und geistlichen Aristokratie, spielen die Hauptrolle innerhalb der Ereignisse dieses Jahres. Um »die Erleichterung des Volkes« geht es nur in Lüttich. »Die Urheber aller anderen Unruhen waren privilegierte Klassen von Menschen, die entweder das Heft der Regierung an sich reißen oder gegen die Willkür der Regenten ihre Vorrechte behaupten wollen«. Und doch war der dritte Stand, das Volk, zu einer politischen Kraft herangereift, die in die Entscheidungen eingreifen konnte. Wo »der dritte Stand, wie in Ungarn, gänzlich fehlte«, stand der Adel letztlich machtlos dem Kaiser gegenüber. Um die verheerenden Auswirkungen der Gegenrevolutionen der absterbenden Klassen zu schildern, gibt sich Forster mit herber Ironie als Vertreter von »Recht und Ordnung« und zeigt am Beispiel der Lütticher Ereignisse, daß es darauf angekommen sei, »durch ein schauderhaftes Beispiel das deutsche Reich vor aller ferneren Ansteckung mit der französischen Freiheitsseuche zu bewahren«. Forster schließt mit dem Hinweis auf ein »großes rührendes Schauspiel«: »Die erste Monarchie in Europa stürzte jetzt schrecklich zusammen; wir sehen sie noch in ihrem Schutte liegen!« Er verfolgte den Verlauf der Französischen Revolution mit wachem Interesse und zeigte wachsendes Verständnis für die entschiedenen Revolutionäre. Als nach Ausbruch des Krieges, mit dem Österreich und Preußen die Restauration der Monarchie in Frankreich betrieben, der dreiundvierzigjährige Goethe, der mit dem Herzog Carl August am Rheinfeldzug teilnahm, »zwei muntere Abende« als Gast im Forsterschen Kreis verbrachte, spürte der Dichter, wie stark Forsters Sympathie für die Revolution bereits war. Er berichtet in seiner »Kampagne in Frankreich«, man habe gefühlt, daß man sich wechselseitig mit politischen Gesprächen zu schonen habe: »[...] denn wenn« Forster und seine Freunde »republikanische Gesinnungen nicht ganz verleugneten, so eilte ich offenbar, mit einer Armee zu ziehen, die ebendiesen Gesinnungen und ihrer Wirkung ein entschiedenes Ende machen sollte«. Bereits am 26. Mai 1792 hatte Forster den weiteren Gang der politischen Ereignisse in Frankreich bis hin zur Jakobinerdiktatur vorausgesehen. Während damals in seinen Äußerungen noch eine Reserve gegenüber den Jakobinern zu verspüren ist, äußert er zehn Tage später, bald fünf Monate vor der Einnahme von Mainz durch die Franzosen, seine Sympathien mit den Jakobinern: »[...] so bekanne ich gern, daß ich allemal lieber *für* als *wider* die Jakobiner bin, man mag gegen sie toben, wie man will. Ohne sie wäre offenbar die Gegenrevolution in Paris schon ausgebrochen und mit dieser die unbedingte Zurückbringung des Zustandes von 1789« (W 4, 4, 718).

Das war Forsters Ansicht, als er die »Erinnerungen aus dem Jahr 1790« schrieb, in denen er freilich nicht so offen sein konnte, wie in seinen Briefen. Einmal mußte das Buch auf die preußische Zensur und die Reputation des Berliner Verlegers Voß Rücksicht nehmen. Ferner wollte Forster mit pädagogischer Behutsamkeit die große Menge der politisch wenig orientierten Leser belehren und nicht von vornherein vergrämen. Schließlich zeugen die zeithistorischen Glossen des Kalenders davon, daß sich Forster nie scheute, sein Ringen um Erkenntnisse, sein Abwägen der Meinungen in seinen Schriften erkennen zu lassen, und er rang um die politischen Probleme bis in seine letzten Schriften hinein. Das Abwägen und Zu-Bedenken-Geben vollzieht sich oft in These und Antithese. Drei politische Tendenzen heben sich deutlich hervor. Die eine ist das Werben um Verständnis für Notwendigkeit und Sinn der revolutionären Vorgänge in Frankreich. Sein eigener Enthusiasmus schwingt kräftig mit, wenn er über den »Französischen Enthusiasmus auf dem März- oder Föderations-Felde« berichtet und am Schluß die unüberwindliche Begeisterung eines ganzen Volkes mit einem majestätischen Lavastrom vergleicht und die konterevolutionären Mächte warnt, hilflose »Feuerspritzen« und »Lazzaroni« dagegen einzusetzen. Hatte er doch schon in den »Ansichten« dadurch vor den Gegenrevolutionären gewarnt, daß er deren Beweggründe entblößte: »Die Aufwallungen der Ungebundenheit in einem lange gemißbrauchten Volke [...], wie schwarz die Mietlinge des Despotismus sie auch schildern mögen«, seien doch »nur Kinderspiele« gegenüber den »Schandtaten beleidigter Sklaventreiber«, deren Zweck nicht bloß Unterjochung, sondern zugleich Rache und Strafe sei. Die zweite Tendenz ist die Würdigung der den Feudalismus erschütternden Volksbewegungen in der Welt, die dritte resultiert aus dem gleichen realistischen historischen Blick, mit dem Forster in der vorigen Schrift mit Recht die eigenständigen Situationen der Völker ins Auge nahm. Es lag ihm fern, seine Einstellung zur Französischen Revolution schematisch auf die ganz andere politisch-gesellschaftliche Lage des in zahlreiche Einzelstaaten zerrissenen, ökonomisch und ideologisch hinter Frankreich zurückgebliebenen Deutschland zu übertragen. Da er an die Möglichkeit einer durchgreifenden Revolution in Deutschland im gegenwärtigen Zeitpunkt nicht glaubte, wollte er alle Verantwortlichen auf die Notwendigkeit von Reformen von oben hinweisen, durch die harte Auseinandersetzungen vermieden werden könnten. Als sich Ende November 1792 der für die Interventionsmächte ungünstige Ausgang des Feldzuges abzeichnete, äußerte Forster die Ansicht, käme es zu einem zweiten Feldzuge, so sei »ganz Deutschland in einer anarchischen Gärung«, und er »stehe den Fürsten für ihre Thronen nicht«. Es ging ihm dabei weniger um die Fürsten als um die revolutionären Kräfte, die sich nutzlos aufreiben würden. Er wünscht also »einstweilen die Beibehaltung« der jetzigen Verfassung, weil er »doch noch nicht von der Reife Deutschlands überzeugt ist, und eine Revolution vor der Reife manchen herben Auftritt kosten müßte« (W 4, 4, 794). Grundsätzlich aber stellt er in den »Erinnerungen«, nämlich in dem Porträt Gustavs III., unmißverständlich fest, daß »die freie republikanische Verfassung bei allen Stürmen, denen sie ausgesetzt ist, in Absicht auf die Bildung des Menschengeschlechtes zu einer höheren Bestimmung einen entschiedenen Vorzug« behält. Denn auf einen großen Monarchen kämen fünfzig schwache oder schlechte, die nichts anderes als Werkzeuge der Privilegierten des feudalen Staates seien. Der Autor der »Erinnerungen« setzte sich nach eigenem Bekenntnis die »Larve der Frivolität« (W 4, 4, 729) auf. Das Gestaltungselement der Ironie findet sich in Stil und Komposition der Glossen, auf englischen und französischen Vorbildern fußend. Mit ihnen gab Forster ein Beispiel für den deutschen politischen Essay. Die »Erinnerungen« weisen in vieler Hinsicht, z. B. wenn ihr Autor das Recht des Volkes auf seine Befreiung herleitet aus der Unterdrückung und Entmenschlichung durch seine »Vormünder«, auf Forsters aktive revolutionäre Tätigkeit und seine revolutionären Schriften hin.

Schriften Forsters:

[*Rundreise von Mainz aus 1790. Tagebuch*].
Entstanden: 25. März - 9. Juli 1790
Erstdruck: a) Ansichten vom Niederrhein... von Georg Forster. 3. Th. Hrsg. von C. F. Huber. Berlin 1794. S. 1-266, Anhang S. 161-204. b) In: Briefe und Tagebücher Georg Forsters von seiner Reise am Niederrhein, in England und Frankreich im Frühjahr 1790. Hrsg. von Albert Leitzmann. Halle 1893. S. 125-297.
h. k. Neudruck: AA 10, 200-368.

Ansichten vom Niederrhein, von Brabant, Flandern, Holland, England und Frankreich, im April, Mai und Junius 1790.
Abgeschlossen: 1. T. Nov. 1790, 2. T. 3. März 1792
Erstdruck: T. 1-3 Berlin: Voß. T. 1: 1791 2 Bl. 505 S., T. 2: 1791 (erst 1792 ersch.) 534 S.; T. 3: Hrsg. von L. F. Huber. 1794 XVI S., 1 B. 266, 204 S. 1 Bl. Mit 1 Kupfertaf.
h. k. Neudruck: AA 9

Sacontala oder der entscheidende Ring, ein indisches Schauspiel von Kalidas. Aus den Ursprachen Sanskrit und Prakrit (durch William Jones) ins Englische und aus diesem ins Deutsche übersetzt mit Erläuterungen von Georg Forster.
Entstanden: Juli 1790 - 3. Apr. 1791
Erstdruck: Mainz u. Leipzig: J. P. Fischer 1791. XL, 366 S.
h. k. Neudruck: AA 7, 277-433

Ueber historische Glaubwürdigkeit.
Abgeschlossen: Mitte Sept. 1790
Erstdruck: Als »Vorrede« zu: Des Grafen Moritz August von Benyowsky... Schicksale und Reisen; von ihm selbst beschrieben. Übersetzt von Georg Forster. 2 Bde. Leipzig: Dyk 1791 (aber Herbst 1790 ersch.)
h. k. Neudruck: AA 7, 29-44.

Ueber lokale und allgemeine Bildung.
Entstanden: Febr. 1791
Erstdruck: Neues Deutsches Museum (Boie) Bd. 4, 1791, St. 6. Juni, S. 509-529
h. k. Neudruck: AA 7, 45-56

Geschichte der [Englischen] Litteratur [vom Jahre 1790].
Abgeschlossen: Anfang Apr. 1791
Erstdruck: In: Archenholtz' Annalen des Jahrs 1790. Bd. 5. Hamburg: Archenhol[t]z 1791, S. 184-314
h. k. Neudruck: AA 7, 163-227

Die Nordwestküste von Amerika, und der dortige Pelzhandel.
Entstanden: Frühjahr 1791
Erstdruck: Geschichte der Reisen, die seit Cook an der Nordwest- und Nordost-Küste von Amerika und in dem nördlichen Amerika selbst von Meares, Divon Portlock, Coxe, Long u. a. m. unternommen worden sind. Mit vielen Karten und Kupfern. Aus dem Englischen, mit Zuziehung aller anderweitigen Hilfsquellen, ausgearbeitet von Georg Forster. Bd 1. Berlin: Voß 1791. 4°. S. 3-120. Titel dort: Einleitung, obiger Titel KS 2, 1.
Neudruck: W 4, 2, 249-366

Vorläufige Schilderung des Norden von Amerika.
Entstanden: Frühjahr 1791
Erstdruck: Siehe vorigen Titel. Bd. 3 Berlin: Voß 1791. 4°. S. 1-74
Neudruck: GA 4, 111-183

Vorrede zur deutschen Übersetzung von Thomas Paine: Die Rechte des Menschen.
Entstanden: Sept. 1791
Erstdruck: Als Vorrede (S. III - XVIII) von: Die Rechte des Menschen. Eine Antwort auf Herrn Burke's Angriff gegen die französische Revolution. Von Thomas Paine... Aus dem Englischen übersetzt. Nebst der von Ludwig XVI angenommenen Konstitutions-Acte. Berlin: Voß 1792
h. k. Neudruck: AA 8, 220-227
Siehe auch: Thomas *Paine:* Die Rechte des Menschen. In der zeitgenössischen Übertragung von D. M. Forkel. Mit einer Vorrede von Georg Forster. Bearb. u. eingel. von Theo Stemmler. Frankfurt a. M. 1973.

Ueber den gelehrten Zunftzwang.
Entstanden: Vermutlich Nov. 1791, jedenfalls bis Apr. 1792
Erstdruck: »Vorrede« von: Die Ruinen, aus dem Französischen des Herrn von Volney. Berlin: Vierweg d. Ae. 1792. S. I-XIV
h.k. Neudruck: AA 8, 228-233

Revolutionen und Gegenrevolutionen im Jahre 1790.
Entstanden: Mitte Juli bis Mitte Aug. 1792
Erstdruck: Friedens-Präliminarien (Huber), Berlin: Voß Bd. 5 1794, 17. u. 18. St., S. 1–43
h. k. Neudruck: AA 8, 234–261

Erinnerungen aus dem Jahr 1790 in historischen Gemälden und Bildnissen von D. Chodowiecki, D. Berger, Cl. Kohl, J. F. Bolt und J. S. Ringck.
Entstanden: Aug./Sept. 1792
Erstdruck: Berlin: Voß 1793 (bereits im Herbst 1792 ersch.). 238 S. Mit 18 Kupfertaf.
h. k. Neudruck: AA 8, 263–352

Sekundärliteratur:

Hans Jürgen *Geerdts:* Ironie und revolutionärer Enthusiasmus. Zu Georg Forsters »Erinnerungen aus dem Jahr 1790«. Weimarer Beitr. 1, 1955 S. 296–312.

Ralph-Rainer *Wuthenow:* Zur Form der Reisebeschreibung: Georg Forsters Ansichten vom Niederrhein. Lesing-Yearbook 1, 1969 S. 234–254.

Helmut *Peitsch:* Ansätze zu einer revolutionär-demokratischen Politisierung der Menschheitsperspektive. Georg Forsters Reisebeschreibung »Ansichten vom Niederrhein«. In: Gert Mattenklott u. Klaus R. Scherpe: Literatur im historischen Prozeß. Kronberg/Ts. 1974 Bd. 4,1 S. 216–242, Bd. 4,2 S. 136–143.

7. Daß die Herrschaft dem ganzen Volke gehört / Mainz 21. Okt. 1792 – 25. März 1793

Forsters Leben und seine weltanschauliche Entwicklung nahmen eine neue Richtung, nachdem die preußische gegenrevolutionäre Armee bei Valmy (20. Sept. 1792) geschlagen worden war und General Custine mit seinen Sansculotten auf das Gebiet des Mainzer Kurfürsten vorrückte, der sein Neutralitätsversprechen gebrochen und sich dem preußisch-österreichischen Feldzug gegen die Revolution angeschlossen hatte. Als Kurfürst und Kamarilla, Adel und gutsituierte Bürger aus Mainz flohen, war es für Forster, dessen Freund Sömmerring von seiner Hochzeitsreise nicht nach Mainz zurückkehrte, selbstverständlich, daß er in der Stadt blieb, obwohl er als kurfürstlicher Beamter dadurch in eine schwierige Situation geriet. Am 21. Okt. 1792 wurde Mainz besetzt. Zwei Tage später wurde entsprechend Custines »Aufruf an das gedrückte Volk deutscher Nation« (21. Okt.) nach dem Vorbild der französischen Klubs eine »Gesellschaft der Freunde der Freiheit und Gleichheit« gegründet, ein Klub, in dem zunächst die Studenten dominierten, der später aber einen stärkeren Zulauf aus allen Schichten, besonders aus der werktätigen Bevölkerung erhielt. Forster, der zunächst die Gründung des Klubs als eine »voreilige Maßregel« (W 4, 4, 767) angesehen hatte, war sich aber schon nach 4 Tagen darüber klar: »[...] diese Neutralität ist mißlich, die Krisis naht heran, und man wird Partei ergreifen müssen« (W 4, 4, 773); man müsse das allgemeine Wohl des Orts, wo man sich befände, wollen, dem Willen der Mehrheit folgen. Er hatte sich von Anfang an für das öffentliche Interesse eingesetzt, sich um den Fortbestand der Universität, die Versorgung der Bevölkerung und die Errichtung eines bürgerlich-revolutionären Nationaltheaters gekümmert. Am 5. Nov. trat er in den Klub ein. Therese schreibt später, Forster habe sich damals »den Umständen preisgegeben, weil sie mit seinen Neigungen zusammenstimmten« (B I,90). Nach weiteren zehn Tagen legt er im Klub sein revolutionäres Bekenntnis ab, indem er *»Ueber das Verhältniß der Mainzer gegen die Franken«* sprach. Mit dieser als Flugschrift verbreiteten Rede begann Forsters Einsatz für eine Mainzer Republik weithin deutlich zu werden. In seiner Rede erläuterte Forster die politische Lage der Mainzer und wies nach, daß die Bedingungen für revolutionäre Aktionen gegeben seien. Hier zeigt sich besonders deutlich Forsters Wendung von der Theorie zur Praxis, die Bereitschaft, seine philosophische Erkenntnis in einer Entscheidungen fordernden politischen Situation in die Tat umzusetzen. Er kämpft für ein einheitliches Handeln aller Schichten der Bevölkerung des Mainzer Gebietes. Die Mainzer sollen sich mit den Franzosen unter der Parole Freiheit und Gleichheit verbrüdern, sich dem Mutterland der Revolution durch Übernahme der neufränkischen Verfassung staatsrechtlich angleichen und schließlich ihr Territorium an Frankreich anschließen. Die von der Kaufmannschaft der Stadt propagierte konstitutionelle Verfassung lehnte er entschieden ab. Er erstrebt eine republikanische Verfassung, die auch dann nicht ohne weiteres beseitigt werden könne, wenn die Franzosen etwa zurückweichen müßten: »Alsdann wird Frankreichs Garantie Euch wenigstens eine Verfassung sichern, wobei Ihr nicht die ganze Freiheit wieder einbüßen müßt.« Er ruft seinen Landsleuten zu: »[...] tretet männlich und fest zum Handeln hervor, mit dem stolzen Bewußtsein, daß die Herrschaft dem ganzen Volke gehört!«

Als ein Frankfurter Bürger in einem Flugblatt und Zeitungsartikel über eine der Stadt auferlegte hohe Kriegskontribution protestierte, antwortete ihm Forster am 18. Nov. im Klub. Seine temperamentvolle Rede wurde im »Patrioten« Wedekinds als *»Antwort eines freien Mainzers an den Frankfurter, der mit dem Franken Custine gesprochen hat«* veröffentlicht. Hat auch die französische Regierung die von Forster verteidigte Maßnahme Custines nicht gebilligt, was jener nicht wußte, so ist doch diese Rede bedeutsam wegen der scharfen Verurteilung des »Kampfes der Tyrannei gegen die Freiheit«: »Feinde, die zur unauslöschlichen Schande Deutschlands mit Einäscherung und Vernichtung der Städte, Flecken und Dörfer, mit Ermordung der Einwohner Frankreichs in ihren eines Hunnenkönigs würdigen Manifesten drohen«, dürften keine Großmut erwarten. Vom Klub beauftragt, eine *»Zuschrift der Gesellschaft der Volksfreunde zu Mainz an alle Einwohner auf dem Lande«* zu verfassen, findet Forster in dem am 21. Nov. 1792 abgeschlossenen und als Flugschrift gedruckten Dokument (Neudruck bei Scheel, M.R.S.272) eine einfache, eindringliche Sprache, um die an die herrschaftlichen Fronden gewöhnten Bauern zu bewegen, freiwillig und gegen guten Lohn in der rechtsrheinischen Vorstadt Kastel eine Festung bauen zu helfen, die nicht nur die Stadt, sondern auch das Land schützen soll. Er appelliert an die Solidarität der Landbewohner, an ihr Umdenken: »Was hilft uns denn der Verstand, wenn wir ihn nicht recht anwenden, zu unserer Zufriedenheit und zum allgemeinen Wohl aller unserer Brüder!« Er wendet sich gegen das »sündliche Faulenzen« bei den bisherigen Bauarbeiten, tritt für eine neue Arbeitsmoral ein: »[...] aber wer arbeiten kann, muß auch fleißig schaffen, wenn er hört, daß es zum Besten aller ist.« Aus Forsters Diktion spricht das Streben, die Bauern für die jakobinischen Ziele zu gewinnen. »Das Bündnis mit den Bauern war für die Mainzer Jakobiner, die bei dem feudal korrumpierten Handelsstand und Zunfthandwerk keinen großen Rückhalt hatten, das Bündnis mit der Demokratie« (Scheel, Zs. f. Geschichtswiss., XIX, 3, S. 1048). Der anfangs täglich, später viermal wöchentlich tagende Mainzer Jakobinerklub besaß »mit rund einem halben Tausend an eingeschriebenen Mitgliedern [...] in der werktätigen Bevölkerung eine echte Massenbasis« (Scheel, M.R. S. 20) und leistete, wie Forsters *»Volksfreund«* (s. u.) betont, viel »zur Entwicklung und zur Ausbreitung neuer Ideen und Gefühle [...] Insbesondere verdankt ihm das deutsche Vaterland eine große Menge gedruckter Reden, Vorlesungen und Aufsätze, worunter viele nicht allein als Beiträge zur Geschichte dieser merkwürdigen Epoche einen Wert behalten werden.« Diese Worte bezeugen die Hauptaufgabe des Klubs (bis zu seiner Neukonstituierung im März 1793), Aufklärungs- und Erziehungsarbeit zu leisten, nicht etwa aber ein revolutionäres Leitungsgremium darzustellen (s. Scheel, M.R. S. 20 ff.). Am 19. Nov. wurde von den Franzosen eine neunköpfige »provisorische Administration«, ein Verwaltungsrat, gebildet, der dem Lande von Bingen bis Landau anstelle der kurfürstlichen Regierung vorzustehen hatte. In ihm bekam Forster als Vizepräsident neben dem Präsidenten Dorsch eine wichtige Funktion. In engster Zusammenarbeit mit den Mitgliedern des Klubs und der provisorischen Verwaltung bemühte sich Forster, unermüdlich aktiv, durch seine amtliche Tätigkeit, durch seine Arbeit im Klub, durch seine Reden und durch Pressearbeit für die Ideen und die politische Praxis der Französischen Revolution unter der Bevölkerung zu werben und den Aufbau einer auf den Prinzipien der Freiheit, Gleichheit und Brüderlichkeit gegründeten, mit dem in der bürgerlichen Emanzipation am weitesten vorangeschrittenen Staat Europas eng verbundenen deutschen Republik zu sichern. Es war keineswegs leicht für die Mainzer Jakobiner, die Bürger der Stadt, die zu einem großen Teil noch stark unter dem ideologischen Einfluß und in der wirtschaftlichen Abhängigkeit des geistlichen Regiments standen, des eigenständigen politischen Denkens ungewohnt waren und mannigfache Aversionen gegen die mit der Anwesenheit der Besatzungsarmee verbundenen Lasten hatten, für eine demokratische und republikanische bürgerliche Aktivität zu gewinnen. Hineingezogen in die ganze revolutionäre Realität, beeindruckt von den weiteren Ereignissen in Paris, löste sich Forster vom weitgehend abstrakten, in erster Linie auf das Ästhetische gerichteten Humanismus der deutschen Aufklärung und Klassik. Er rückte mit zunehmender Entschiedenheit von der Illusion eines verbürgerlichten Staates unter einem »aufgeklärten Fürsten« ab und suchte den Weg, der es ermöglicht, Humanismus und Vernunft in der revolutionären Praxis zu verwirklichen. In seinem Kampf gegen Opportunismus, Kleinmut, Aberglauben und Egoismus erfuhr Forster immer deutlicher, daß Aufklärung allein nicht das Mittel zur Änderung gesellschaftlicher Verhältnisse sein kann, daß revolutionäre Maßnahmen notwendig sind, da die feudalen Kräfte von sich aus nie auf ihre Vorrechte verzichten werden, wenn auch Bewußtseinsbildung als Vorbereitung und bei der Durchführung politischer Aktionen unerläßlich ist.

Anfang Dezember 1792 ließ Forster seine Frau mit den Töchtern Therese und Klara auf ihr Drängen hin nach Straßburg übersiedeln: »Daß ich von Therese das Opfer, mit mir zu leben und zu sterben, nicht fordern kann, fühle ich; desto schmerzlicher ist meine Lage«, schreibt er an Huber (W 4, 4, 801). Er selbst stürzte sich neben der politischen in schriftstellerische Tätigkeit. Er korrespondiert über Verlagspläne mit Voß und stellt noch umfangreiche Abschnitte von der *»Geschichte der Englischen Litteratur vom Jahre 1791«* fertig. Es mag ihn gereizt haben, im Blickpunkt der Literatur die englischen Verhältnisse den deutschen Zuständen gegenüberzustellen und sie zugleich unter dem Aspekt der Französischen Revolution zu betrachten, die besondere Konstellation der englischen Politik innerhalb Europas zu verdeutlichen und die progressiven Züge in der englischen Publizistik herauszuarbeiten. Im Klub hatte Forster zunächst nur die Funktion eines Präsidenten des Korrespondenzausschusses inne, mit Beginn des Jahres 1793 wurde er in einer schwierigen Situation des Klubs zu dessen Präsidenten gewählt. Es hatten sich Auflösungstendenzen im Klub gezeigt, und Forster hielt es deshalb für notwendig, den Mitgliedern ernsthaft klarzumachen, was von ihnen zu leisten sei, damit sie als »Würze und Gärungsstoff« die führende Rolle in den revolutionären Auseinandersetzungen spielen konnten. So ging es ihm in der *»Anrede an die Gesellschaft der Freunde der Freiheit und Gleichheit am Neujahrstage 1793«* darum, der politischen Lauheit, der Kompromißbereitschaft und Verräterei entschieden entgegenzuwirken. Forster forderte die Jakobiner auf, ihre gesellschaftliche Eignung zu erhöhen, die »unvermeidlichen Kollisionen des Eigennutzes« zu überwinden und sich »in der Ordnung der zweckmäßigsten, patriotischen Geschäftigkeit« zu üben. Ein Kompendium der Grundprinzipien der bürgerlich-demokratischen Revolution stellt diese Ansprache dar, so z. B., wenn Forster auch hier die besondere Bedeutung der Landagitation betonte. Forster offenbarte in dieser Rede »eine unter den gegebenen Bedingungen beträchtliche Höhe der Erkenntnis«, insofern er »die Auseinandersetzungen zwischen Brissot und Robespierre als notwendig für die Weiterentwicklung der Revolution betrachtete, ohne allerdings hinter dem Streit den Differenzierungsprozeß des Dritten Standes zu erkennen und selbst Partei ergreifen zu können« (Scheel, M. R. S. 23).

Forsters Haus war ein Treffpunkt von Bauern, Bürgern und Beamten, die sich mit ihm als Vizepräsidenten der Administration oder auf Grund einer Funktion, die er im Klub innehatte (nach Beendigung seiner Klubpräsidentschaft am 31. Jan. 1793 wurde er Präsident des Unterrichtsausschusses), berieten. Als die Administration zum Zwecke der Abschaffung der feudalen Verfassung eine breite Abstimmungskampagne im Lande einleitete und deshalb mit der hinhaltenden Militärbehörde in Konflikt kam, opponierte Forster am heftigsten gegen deren Praktiken. Er widerlegte nicht nur öffentlich die Ansichten des Sekretärs Custines Böhmer, der zugleich Herausgeber der »Mainzer National-Zeitung« war, sondern begründete und redigierte ab 1. Jan. 1793 in Frontstellung zu diesem Blatt das rund drei Monate lang dreimal wöchentlich erscheinende Periodikum *»Die neue Mainzer Zeitung oder der Volksfreund«*, deren zahlreiche kämpferisch für die Sache der Revolution werbende und in die akuten Mainzer Probleme aufrüttelnd eingreifende Artikel Forster fast durchweg selbst verfaßt hat. Um den Jahreswechsel beteiligte er sich maßgebend an einer *»Ordnung für die Gesellschaft der Freunde der Freiheit und Gleichheit«* (Scheel, M.R. S. 417–420). Sechs Tage nach seiner Neujahrsrede und Zeitungsgründung gibt Forster Sömmerring eine realistische Einschätzung seiner Situation: »Ich habe mich für eine Sache entschieden, der ich meine Privatruhe, meine Studien, mein häusliches Glück, vielleicht meine Gesundheit, mein ganzes Vermögen, vielleicht mein Leben aufopfern muß. Ich lasse aber ruhig über mich ergehen, was kommt, weil es als Folge einmal angenommener und noch bewährt gefundener Grundsätze unvermeidlich ist. Eins allein, weiß ich, ist unantastbar mein, weil *ich* es allein antasten könnte, das ist mein Bewußtsein« (W 4, 4, 820).

Zu Neujahr trafen in Mainz drei Kommissare des Pariser Nationalkonvents ein. Um sie über den status quo zu informieren, verfaßte Forster im Auftrag der Administration ein vom 9. Jan. datiertes *Memorandum.* Darin ging er auf die Übergriffe des Generals und der Kriegskommissäre ein. Er beklagt, »daß Männer, die geglaubt hatten, nun endlich die reine Luft der Freiheit einatmen [...] zu können, sich auf die unwürdigste Art, mit dem unleidlichsten Despotismus, nämlich dem militärischen, von jedem, der eine Uniform anhatte, mußten hudeln lassen«, und gibt Rechenschaft über die vielfältigen Leistungen der Administration und die Schwierigkeiten ihrer Arbeit. Die Kriegskommissare kümmerten sich nicht um die Not der Bevölkerung, sie verkauften Staatseigentum.

»Der Landmann schreit, er ist gedrückt, er ist gemißhandelt, er verkauft oder schlachtet sein Vieh, er sieht den Mangel vor der Türe; man hat ihm Freiheit und Wohlstand versprochen; man häuft unerträgliche Lasten auf seinen wunden Rücken. In der Stadt rufen zehntausend Arme zu uns um Brot; der Handel ist gehemmt, die Schiffe werden hier angehalten, man hält sie anderwärts wieder an; die Kassen sind leer, die gerechtesten Forderungen müssen abgewiesen werden; die allgemeine Administration muß sich Härte, Strenge, Despotismus von den ihr untergeordneten Stellen in den bittersten Ausdrücken vorwerfen lassen, indes der General sie zu weichherzig nennt und sie vor den Kommissarien des Nationalkonvents ins Angesicht beschuldigt, daß sie ihn nicht gehörig unterstützt, daß sie sogar seine Maßregeln hintertrieben hätte!« (Scheel, M. R. S. 522).

Als am 10./11. Jan. im Klub ein Streit um das Verhältnis der Mainzer Jakobiner zur Armeeführung Zwietracht zu säen drohte, trug Forster wesentlich dazu bei, daß es zu keiner Fraktionsbildung kam und die Zwistigkeiten durch Vernichtung der Sitzungsprotokolle annulliert wurden. An der Bestätigung der Einheit aller Mainzer Republikaner anläßlich der Pflanzung eines Freiheitsbaums am 13. Jan. hatte Forster als Organisator und Redner einen großen Anteil.

Bei der am 28. Jan. im Klub entfachten Diskussion darüber, ob der Klub dem Nationalkonvent seine Zufriedenheit über die Verurteilung Ludwigs XVI. bezeugen soll, stand Forster auf der Seite der Zustimmenden. Hatte er doch bereits am 25. Jan. in einem langen Leitartikel seines »Volksfreunds« die Gründe für die Bestrafung der Verbrechen auf dem Throne dargelegt.

»Sind wir weder gut noch böse, wenn wir geboren werden, sondern werden wir, was Erziehung, Beispiele, Gesetzgebung, Verfassung und Erfahrung aus uns machen: so leuchtet es uns allen ein, daß *gute Gesetze und strenge Vollstreckung derselben* die rechten Mittel sind, Ruhe in der menschlichen Gesellschaft, Glück und Zufriedenheit in unsern äußern Verhältnissen und moralische sowohl als intellektuelle Vervollkommnung im Innern eines jeden hervorzubringen [...] Man strafe den Verbrecher, auch wenn er König war, und man dulde keinen König mehr.«

Einen neuen Auftrieb erhielt Forsters Betätigung, als Ende Januar die beiden schon länger erwarteten Kommissäre des Conseil Exécutif aus Paris erschienen waren, um bei der Befolgung der Dekrete des Nationalkonvents vom 15., 17. und 22. Dez. 1792 tätig zu sein und auf der Grundlage von Wahlen, auf deren Durchführung Forster schon gedrängt hatte, die Selbstverwaltung des Mainzer Gebietes aufbauen zu helfen. »Und nun arbeiten wir Tag und Nacht zusammen«, schreibt er an seine Frau, »wobei ich das meiste habe« (W 4, 4, 833).

Im März 1793 fanden die Wahlen zum Rheinisch-deutschen Nationalkonvent statt. Forster war federführend bei der zur Vorbereitung der Wahl der örtlichen Gewalten und damit des Landesparlaments herausgegebenen Anleitung zur Demokratie, den *»Unterricht für die Gemeineversammlungen [...] zum Gebrauch der Einwohner der Gegenden zwischen dem Rhein und der Mosel«*, und wirkte an der Agitation auf dem Lande mit. In Grünstadt ließ er die regierenden Grafen von Leiningen-Westerburg gefangennehmen, da sie der Durchführung der Wahlen große Schwierigkeiten bereiteten. Mitte März erhielt Forster zwei weitere Beweise des Vertrauens der Jakobiner: Er wurde am 16. März zum Präsidenten des nach Auflösung des alten erneuerten Klubs bestimmt, und er zog – gewählt von den Bauern in Wöllstein und den Bewohnern eines Mainzer Stadtgebietes – als Abgeordneter in den Rheinisch-deutschen Nationalkonvent ein. Am ersten Sitzungstag, dem 17. März, wurde er Vizepräsident des Nationalkonvents (Präsident: Andreas Joseph Hofmann). Am nächsten Tage beschloß das Parlament ein Dekret, nach dem das Gebiet von Landau bis Bingen ein freier, unabhängiger, unzertrennlicher Staat sein sollte; »aller Zusammenhang mit dem deutschen Kaiser und Reiche« wurde aufgehoben, zum einzigen rechtmäßigen Souverän dieses Staates wurde das freie Volk erklärt. Forster beteiligte sich rege an den Debatten der ersten acht Tage des Konvents. »Ich bin dabei wieder recht in volle, ich kann sagen, rasende Arbeit gekommen, denn um Ordnung hineinzubringen, nahm ich mir's zum Geschäft, an allen Debatten bisher einen tätigen Anteil zu nehmen, und dies ist mit dem besten Erfolg geschehen [...] von vier Uhr morgens bis Mitternacht ist kein Augenblick unbesetzt« (W 4, 4, 835). Er ist stolz darauf, daß die Bauern ihm überaus zugetan sind und es ihn »sehr naiv wissen« lassen »und die sogenannten gelehrten Mitglieder des Konvents sagen«, er »wäre die Seele drin«. Die historisch bedeutendste der etwa zehn nur zum Teil überlieferten Konventreden Forsters war die am 21. März gehaltene *»Rede über die Vereinigung des rheinisch-deutschen Freistaats mit der Frankenrepublik«*. Er gibt eine kurze Geschichte der feudalen Unterdrückung:

> »Der Trotz der Wüteriche, die Heimtücke der Heuchler, die Ränke der Volksbedrücker gewannen neue Stärke durch jeden Widerstand, und sie bedienten sich der Fortschritte selbst des menschlichen Verstandes, um uns in immer schwerere Ketten einzuschmieden [...] Ihr habt die ganze Tyrannei im rheinisch-deutschen Volke mit einem mächtigen Schlage zu Boden gestreckt und die Fahne der Volkssouveränität an dem befreiten Rheinufer aufgepflanzt. Männer, der erste Schritt ist getan; aber der zweite muß folgen [...], sprechet das große entscheidende Wort: Die freien Deutschen und die freien Franken sind hinfüro ein unzertrennlich Volk!«

Im Anschluß an diese Rede wurde ein von Forster vorgeschlagenes Dekret angenommen. In ihm wurde festgestellt, daß die Unabhängigkeit des neuen Freistaates »nur unter dem Schutz der Frankenrepublik und mit Hülfe ihrer siegreichen Waffen errungen werden konnte, und daß alle Bande der Freundschaft, der Dankbarkeit und des wahren gegenseitigen Vorteils beide Nationen zu einer brüderlichen und unzertrennlichen Vereinigung auffordern«. Darum dekretiere der Konvent einmütig, »daß das rheinisch-deutsche freie Volk die Einverleibung in die fränkische Republik wolle und bei derselben darum anhalte«.

Forster lag daran, daß die zum ersten Male von einem deutschen Gebiet erreichte Position einer bürgerlich-demokratischen Verfassung nicht verlorenging. Er erkannte zugleich, daß sich der kleine Rheinstaat gegen die ihn tödlich bedrängenden deutschen Feudalstaaten nicht würde behaupten können. Es war also notwendig, daß sich das Mainzer Land an *den* Staat anschloß, der das Mutterland der in der Mainzer Republik auszubauenden politischen und sozialen Verhältnisse war. Der Anschluß an Frankreich bedeutete keineswegs die Aufgabe der eigenen Nationalität, der deutschen Kultur. Sie sollten im Bruderbund mit dem Staat, der auch die *nationale* Freiheit, Gleichheit und Brüderlichkeit auf seine Fahne geschrieben hatte, bewahrt bleiben. Die Alternative, ob bürgerliche Freiheiten, demokratisches Verwaltungs- und Gerichtswesen, Ablösung der feudalen durch die kapitalistische Produktionsweise und Entwicklung einer bürgerlichen Nationalkultur im Waffenschutz Frankreichs oder Unterwerfung unter die hierarchische Despotie eines Duodezfürsten Deutschlands, konnten Forster und seine Mitstreiter nicht anders entscheiden, als sie es taten. Die auf die Erhaltung des feudalistischen Inhalts der Reichsverfassung mit der Zersplitterung und gesellschaftlichen Rückständigkeit Deutschlands bedachte Reaktion mußte alle, die an den Grundlagen des Reiches rüttelten, alle »Stellvertreter eines freien deutschen Volks«, diffamieren und ächten. Aber für die deutsche Nation war durch die Mainzer Revolutionäre, so sehr ihre Wirksamkeit auch räumlich und zeitlich begrenzt war, die historische Wahrheit bekundet, daß der Weg zur deutschen Nation, zur sozialen und nationalen Entwicklung ganz Deutschlands, nur über die Herstellung bürgerlich-demokratischer Verhältnisse führen würde, was wiederum allein unter Übernahme der ideologischen und praktischen Ergebnisse der Französischen Revolution geschehen konnte. Dazu gehörte vor allem, daß die gesellschaftlichen Veränderungen auf der breiteren demokratischen Basis erfolgt, die Forster in seiner Vereinigungsrede als »Volks-Souverainität« bezeichnet, deren Fahne »an dem befreiten Rheinufer aufgepflanzt« sei.

Der Rheinisch-deutsche Nationalkonvent wählte eine Deputation von drei Abgeordneten, darunter Forster als Leiter, die dem Französischen Nationalkonvent den Angliederungsbeschluß unterbreiten sollte. Am 25. März 1793 reiste Forster mit seinen Begleitern aus Mainz ab, mit leichtem Gepäck und ohne Mantel, weil er glaubte, in etwa drei Wochen wieder zu Hause zu sein.

Schriften Forsters:

Ueber das Verhältniß der Mainzer gegen die Franken. Gesprochen in der Gesellschaft der Volksfreunde den 15ten November 1792 von Georg Forster.
Erstdruck: Mainz 1792. 39 S.
Neudruck: W 4, 4, 587–607

Antwort eines freien Mainzers an den Frankfurter, der mit dem Franken Custine gesprochen hat.

Erstdruck: In: Der Patriot, [St.]1, [Nov. 1792], S. 11–32
Neudruck: K. S. 6, 432–441

Geschichte der [Englischen] Litteratur [vom Jahre 1791].
Abgeschlossen: 1. T. 11. Dez. 1792, 2. T. einige Wochen später
Erstdruck: 1. T. Archenholtz' Annalen Bd. 7. Hamburg: Archenhol[t]z 1793 S. 65–147 – 2. T.: Ebenda Bd. 9. 1794 S. 209–280.
h. k. Neudruck: AA 7, 228–271. Titel nach K. S. 5

Anrede an die Gesellschaft der Freunde der Freiheit und Gleichheit am Neujahrstage 1793.
Erstdruck: Mainz (1793): St. Rochus Hospitals Buchdruckerei durch Johann Wirth, im zweiten Jahre der Frankenrepublik. 14 S.
Neudruck: W 4, 3, 609–616

Weitere Klubreden Forsters siehe:
Heinrich Scheel: Die Mainzer Republik I. Protokolle des Jakobinerklubs. Berlin. 1975. 920 S.

Rede über die Vereinigung des rheinisch-deutschen Freistaats mit der Frankenrepublik, von dem Bürger Georg Forster, Deputirten der Stadt Mainz zum rheinisch-deutschen Nationalkonvent, gehalten den 21ten März 1793.
Erstdruck: Mainz, im zweiten Jahr der Freiheit und der Gleichheit 1793. 14 S.
Neudruck: W 4, 3, 621–628

Weitere Konventreden Forsters siehe:
Heinrich Scheel: Die Mainzer Republik II. Die Protokolle des Rheinisch-deutschen Nationalkonvents. In Arbeit.
Die neue Mainzer Zeitung oder der Volksfreund. Hrsg. von Georg Forster. Mainz 1793. Neudruck: Kraus Reprint, Nendeln 1976.

Sekundärliteratur:

Claus *Träger:* Georg Forster und die Verwirklichung der Philosophie. In: Sinn und Form. Beitr. zur Literatur, 14, 1964, S. 625–649.
Claus *Träger:* Aufklärung und Jakobinismus in Mainz 1972/1973. In: Weimarer Beitr., 9, 1963, S. 684–704.
Heinrich *Scheel:* Deutsche Jakobiner. Zs. f. Geschichtswiss. 17, 1969, S. 1130–1140.
Heinrich *Scheel:* Eine Revolutionsschrift Georg Forsters vom November 1792. Zs. f. Geschichtswiss. 19, 1971, S. 1045–1050.
Heinrich *Scheel:* Die Statuten des Mainzer Jakobinerklubs. Jb. f. Gesch., 5, 1971, S. 303–341.
Heinrich *Scheel:* Spitzelberichte aus dem jakobinischen Mainz. Jb. f. Gesch., 6, 1972, S. 501–538.
Gerhard *Steiner:* Jakobinerschauspiel und Jakobinertheater. Stuttgart 1973 (Deutsche revolutionäre Demokraten, hrsg. u. eingel. v. Walter Grab).
Heinrich *Scheel:* Unbekannte Zeugnisse aus der revolutionären Tätigkeit Georg Forsters in und um Mainz 1792/93. Zs. f. Geschichtswiss. 21, 1973, S. 49–69.
Klaus R. *Scherpe:* »[...] daß die Herrschaft dem ganzen Volke gehört!« Lite-

rarische Formen jakobinischer Agitation im Umkreis der Mainzer Revolution. In: Demokratisch-revolutionäre Literatur in Deutschland: Jakobinismus. Kronberg/Ts. 1975. S. 139–204.
Christa *Krüger:* Georg Forsters und Friedrich Schlegels Beurteilung der Französischen Revolution als Ausdruck des Problems einer Einheit von Theorie und Praxis. Göppingen 1974. 243 S.
Heinrich *Scheel:* Das Verhältnis der Klassiker des Marxismus zu den Anfängen der bürgerlichen revolutionären Demokratie in Deutschland. Sitzungsberichte der Akademie der Wiss. der DDR, Gesellschaftswiss. Jg. 1975 Nr. 11/G. 21 S.
Siehe auch die Sekundärliteratur zum folgenden Abschnitt sowie die beiden grundlegenden Arbeiten:
Claus *Träger:* Mainz zwischen Rot und Schwarz. Die Mainzer Revolution 1792 bis 1793 in Schriften, Reden und Briefen. Berlin 1963.
Inge *Stephan:* Literarischer Jakobinismus in Deutschland (1789–1806). Stuttgart 1976 (Smlg. Metzler 150); bes. S. 121–125.

8. Die erstaunenswürdigste Revolution der sittlichen Bildung / Frankreich 26. März 1793 – 10. Jan. 1794

Am 30. März stand Forster vor der höchsten Institution der bürgerlichen Revolution und hielt die Rede, in der er die Eingliederung der ersten deutschen bürgerlichen demokratischen Republik in die vorwärtsschreitende Phalanx der großen Revolution beantragte. Der Nationalkonvent beschloß, daß der Mainzer Staat einen integrierenden Teil der Französischen Republik bilden soll. Forster hatte alle Aussicht, von dem Wahlkollegium als Deputierter des neu angeschlossenen Gebiets ernannt zu werden. Aber am gleichen Tag hatte die gegenrevolutionäre Armee des Königs von Preußen, der Custine kaum Widerstand leistete, das Rheinland von Bingen bis Worms erobert. Mainz fiel nach viermonatiger Belagerung in die Hände des Absolutismus zurück. Der Erzbischof übernahm wieder die Regierung in Mainz, die Jakobiner wurden verfolgt und hart bestraft. In Frankreich begann unter der Führung der Jakobiner die neue Organisation der Verteidigung der Republik und die Kritik an der bisherigen girondistischen Außenpolitik. Das war nötig, da die bisher kriegführenden Mächte, Preußen und Österreich, bewirkt hatten, daß der Reichskrieg gegen Frankreich erklärt wurde, und sich gegen das Land der Revolution mit England, Holland, Spanien und zahlreicher weiterer Staaten, der Rückendeckung Rußlands sicher, vereinigt hatten. Unter der Führung von Danton und später Robespierre wurde eine zügige Beendigung der Auseinandersetzungen mit den konterrevolutionären Gegnern angestrebt.

Forster, der kurz nach seiner Ankunft in Paris im dortigen Jakobinerklub aufgetreten war, hatte sich nach etwa einem Monat kritischer Umschau davon überzeugt, daß das Schicksal Frankreichs jetzt allein noch von der Ausübung der revolutionären Macht abhängig ist (»Es steht nur *eine* große Macht noch da, le pouvoir révolutionnaire;« W 4, 4, 853). Am 6. Apr. war vom Konvent ein »Ausschuß der öffentlichen Wohlfahrt« mit neun Mitgliedern gewählt worden, dem außerordentliche Vollmachten übertragen worden waren. Forster führte nun in der Zeit der heftigsten Kämpfe gegen die äußeren und inneren Feinde der Republik das schwierige Leben eines Emigranten, angewiesen auf die niedrigen Diäten, die der Konvent den Mainzer Abgeordneten bewilligt hatte, ohne Häuslichkeit, ohne die gewohnten Arbeitsmittel und seine Manuskripte, mit ungewisser Zukunft. Er hatte allerdings anregenden Umgang, lernte viele Menschen in Salons und Zirkeln kennen. Es waren deutsche Kreise (der Publizist Ölsner, der Arzt Georg Kerner, der geistreiche Philanthrop Graf von Schlabrendorf), englische (die Literaten Godwin und Mary Wollstonecraft, die Vorkämpferin der Frauenemanzipation, die Dichterin Helen Maria Williams und Thomas Paine) und polnische Emigranten, mit denen Forster in deren Sprache über den »schändlichen Teilungstraktat« (2. Teilung Polens 1793) diskutierte. Mit seinen Freunden und Verwandten in Deutschland hatte er keinerlei Verbindung mehr, außer einer losen mit Voß, einer gelegentlichen mit Sömmerring und einer schmerzlichen mit Huber. Sein Vater verfluchte ihn; Heyne, der Forsters Ausschluß aus der Göttinger Akademie abgewehrt hatte, konnte nicht schreiben. Im Juli 1793 erfuhr Forster, auf seinen Kopf sei ein Preis von 100 Dukaten gesetzt.

Was die überwiegende Mehrheit der deutschen Schriftsteller und Wissenschaftler von Forster trennte, war seine Wendung vom Schreiben zur Tat in doppelter Bedeutung: als Schwerpunktverlagerung der Erkenntnis vom Denken zur Praxis und als Realisierung seiner Einsichten. Das hatte er schon in Mainz beobachtet: »Sie können einen Menschen nicht begreifen, der zu seiner Zeit auch handeln kann, und finden mich verabscheuungswert, nun ich nach den Grundsätzen wirklich zu Werke gehe, die sie auf meinem Papier ihres Beifalls würdigten« (W 4, 4, 818).

Therese Forster war entgegen dem Wunsch ihres Mannes um die Jahreswende von Straßburg nach Neuchâtel in die für Forster damals unzugängliche Schweiz gezogen, wohin ihr Huber nach seiner Quittierung des kursächsischen Staatsdienstes im Juli 1793 gefolgt war. In den Briefen, die Forster aus Frankreich an Therese und Huber schrieb und die seismoskopisch alle Stimmungslagen registrierten, spiegelt sich Forsters unablässiges Bemühen, sich über den komplizierten Kampf der Parteien ein richtiges Urteil zu bilden. Er äußert Enttäuschungen, Zweifel, hat pessimistische Stimmungen, aber auch eine zunehmende Bereitschaft, die Realitäten der Revolution als unumgänglich anzuerkennen. Nachdem in einer schweren Krise der Republik durch einen Volksaufstand (31. Mai bis 2. Juni 1793) die Gironde gestürzt worden war und die Volksbewegung gefordert hatte, nunmehr eine revolutionäre Justiz, den Terror, zu etablieren, erkannte Forster bald, daß der Kampf gegen die Konterrevolution weitergehen mußte und nur von dem entschlossensten Teil der Bourgeoisie, dem jakobinischen Klein- und Mittelbürgertum, geführt werden konnte. Therese hat später Forsters Haltung zu dieser Situation richtig beurteilt: »Es galt in Frankreich dazumal Leben oder Tod, und die Republik wurde als Mittel zum Leben, nicht als Ideal verfochten« (B I, 119).

Forster verfiel keineswegs in Lethargie. Er arbeitete an sich selbst, las die 1. Ausgabe von Herders »Briefen zur Beförderung der Humanität« und andere gesellschafts-philosophische und politisch-historische Werke, z. B. von Strada, de Mably, Godwin, Favier, Mirabeau (Histoire secréte de la cour de Berlin, 1789), und dem deutschen utopistischen Sozialisten Frölich, dessen Schrift »Über den Menschen und seine Verhältnisse« (1791) ihn stark beeindruckte. Der von den französischen Revolutionären kreierten Wahlverwandtschaft zur römischen Republik zollte Forster durch die Lektüre römischer Schriftsteller (Tacitus, Quintilian) Tribut. Nachdem Forsters Wunsch, eine bibliothekarische oder diplomatische Stelle beim Außenministerium zu erhalten, sich nicht erfüllte, stellte er sich für einzelne Aufträge in den Dienst der französischen Regierung. Eine wichtige Mission bestand in der Anknüpfung von Verhandlungen mit England als Kommissar beim Stabe der Nordarmee, als der er sich vom 1. August bis 11. Oktober an der flandrischen Front aufhielt. Dort schrieb er, so oft ihm Zeit dazu blieb, an einer *»Darstellung der Revolution in Mainz.«* Die auf 16 Stücke berechnete Brieffolge blieb ein Fragment (bricht im 4. Brief ab), und auch dies wurde erst aus dem Nachlaß veröffentlicht. Die aus bloßer Erinnerung verfaßte Arbeit dokumentiert Forsters Beurteilung der Mainzer Ereignisse aus der Sicht der Pariser Revolutionskämpfe und sein Bemühen, das deutschsprachige Bürgertum anzusprechen, um ihm - den konterrevolutionären Darstellungen entgegenwirkend - die revolutionären Vorgänge am Rhein verständlich zu machen und sie in den »Zusammenhang der politischen Schicksale Europens« einzuordnen. In den ersten drei Briefen schildert Forster das schändliche Treiben der Emigranten und die Kriegsvorbereitungen der kurfürstlichen Regierung und geißelt die Erbärmlichkeit des Adels und der Geistlichkeit bei der Flucht aus Mainz, wobei all diese Vorgänge nicht als Einzelerscheinungen gesehen, sondern in ihrem paradigmatischen Gehalt für den Feudalismus dargestellt werden. In dem 4. Brief werden nun die Besetzung von Mainz und die ersten Anfänge der Revolution behandelt. Es ist zunächst überraschend, daß Forster eine Reihe von Einzelerscheinungen nunmehr kritischer einschätzt, als er es offenbar in Mainz tat. Zweifellos haben die politischen Erfahrungen, die Forster im revolutionären Frankreich erworben hat, sein Urteil geschärft. Hinzu kommt, daß sich ihm mit der Entwicklung der Verhältnisse nicht nur neue Maßstäbe, sondern auch neue Fakten erschlossen haben. Es ist auch sicher, daß Forster während der Mainzer Revolution gewissen Vorgängen und Verhaltungsweisen bereits kritisch gegenüberstand, seine Kritik aber im Interesse des Ganzen unterdrückte oder nur abgeschwächt zur Geltung brachte. Vom Standpunkte einer neuen, jakobinischen Außenpolitik z. B. unterlag die gesamte rheinische Kriegsführung einer neuen Beurteilung. Am meisten verwundert es, daß Forster gegen die Mainzer Revolutionäre den Vorwurf der »Voreiligkeit« erhebt. Zur Begründung führt er zum ersten den schon früher ausgesprochenen Gedanken ins Feld, daß die deutschen Staaten noch nicht reif seien für eine Revolution und voreilige Erhebungen nur den Despotismus verhärteten. Zum anderen seien die deutschen Jakobiner vorgeprescht, ohne für ihre junge Republik den notwendigen sicheren militärischen Schutz der Franzosen gehabt zu haben. Ausschlaggebend für diese neue Einschätzung ist, daß die Mainzer Erfahrungen und seine Pariser Erkenntnisse ihn zu einer sachlich abschätzenden Betrachtung der Ereignisse und der Rolle, die er selbst darin spielte, befähigt hatten. Trotz der historischen Feststellung der Voreiligkeit - so lautet das Ergebnis seiner Analyse - seien die Anstrengungen der Mainzer Freiheitskämpfer nicht umsonst gewesen. Sie haben eine historische Aufgabe erfüllt, indem sie »eine Hoffnung in der Brust des Menschenfreundes« erweckten. Mit einer ebenso kämpferischen wie erwärmenden Vorschau auf die Zeit, die die Mainzer Jakobiner aufleuchten ließen, auf die dem feudalen System noch einmal eindrucksvoll gegenübergestellte Epoche der Verwirklichung echter demokratischer Ideale, »wo man den Wert der Menschen weder nach angeborenem noch zufälligem Range, weder nach ihrer Macht, noch nach ihrem Reichtum, sondern allein nach ihrer Tugend und Weisheit schätzen wird«, bricht das Fragment ab, das einer realistischen Einschätzung der Mainzer Revolution den Weg wies.

Forsters seelisches Gleichgewicht wurde wohl am empfindlichsten durch die Trennung von seiner Familie und die Haltung Thereses gestört. Des Verlassenen Hoffnung auf Wiedervereinigung starb nicht ab und zeitigte verzweifelte Projekte. Er beschwor Therese in seiner unerschütterlichen Liebe, aber sie drängte auf Ehescheidung. Um seine Eheangelegenheiten zu klären, hielt sich Forster - mit einem Regierungsauftrag zur Erkundung der politischen Absichten, die die Schweiz gegenüber Frankreich hegte, in der Tasche - vom 31. Okt. bis 22. Nov. in Pontarlier auf und traf sich Anfang November für drei Tage in einem Schweizer Grenzdorf mit Therese, seinen beiden Töchtern und Huber. Es war ein Wiedersehen mit Bitternis: Er mußte Therese die Einwilligung in die Ehescheidung geben. Doch schied er in der Hoffnung auf ein Leben zu dritt: Therese stellte in Aussicht - ohne es ernsthaft zu wollen -, daß sie mit Huber und den Töchtern nach Paris übersiedeln würde.

Forster kehrte am 26. Nov. in die französische Hauptstadt zurück, zu einer Zeit also, in der die Verschärfung der Gegensätze innerhalb des Jakobinerblocks begann. Der Wohlfahrtsausschuß unter dem Einfluß Robespierres, der die Terrormaßnahmen einer revolutionären Regierung, solange der Krieg dauerte, für unerläßlich hielt, hatte sich gegen die oppositionellen Gruppen von rechts und links zu behaupten. In den politischen Kämpfen der vergangenen Monate hatte sich Forsters Bekanntenkreis beträchtlich gelichtet. Schlabrendorf saß im Gefängnis; der von Forster geschätzte Mathematiker, Philosoph und Mitglied des Konvents de Condorcet, der wegen seiner revolutionären Gesinnung aus der Petersburger und Berliner Akademie ausgeschlossen worden war, wurde verfolgt; der Forster zugetane Roch gen. Chamfort, Dramatiker, zuletzt Bibliothekar der Nationalbibliothek, hatte angesichts einer zweiten Verhaftung einen Selbstmordversuch unternommen; Forsters Mainzer Mitdeputierter Adam Lux war als Verteidiger der Maratmörderin Corday Anfang November guillotiniert worden. Andere Bekannte, z. B. Mary Wollstonecraft, waren aus Paris geflohen. Dem Schrekken der Guillotine und dem Walten niedriger egoistischer Triebkräfte stand Forster keineswegs gleichgültig gegenüber, er sah aber die Notwendigkeit des rigorosen Kampfes gegen die Feinde und Verfälscher der Revolution ein. Das kommt deutlich in seinen letzten Schriften und Briefen zum Ausdruck.

Forster gewinnt einen neuen Revolutionsbegriff: Revolution ist ihm nicht mehr Naturereignis, Schicksal oder Selbstverwirklichung der Vernunft im Sinne der Aufklärung, sondern bewußte Aktion zur Erringung der politischen Freiheit als Vorbedingung für die »geistige Freiheit«. Diese bewußte Aktion muß unter Anteilnahme und im Sinne der Mehrheit des Volkes, der »arbeitenden Klasse«, erfolgen. Beiden Gedanken ist der Aufsatz *»Ueber die Beziehung der*

Staatskunst auf das Glück der Menschheit« gewidmet. Da sich diese Schrift gleichfalls an den deutschen Leser wendet, rechnet Forster in ihr vor allem mit dem feudalen Despotismus ab. Er schildert die Abhängigkeit der »Erziehung« des gemeinen Mannes von der gesellschaftlichen Struktur des Feudalismus und kennzeichnet rücksichtslos das System der geistigen Unterdrückung, all die »Werkzeuge der künstlichen Unwissenheit«, die angewandt werden, um den Menschen »von sich selbst zu entfremden«, statt daß er sich »von innen heraus«, durch die Ausbildung seiner »eigentümlichen Kräfte« seiner Bestimmung nähern könnte. Auch »der müde Arbeiter« kann aus der Stumpfheit herausgerissen werden, »die Freude des Erringens öffnet auch bei ihm die Tore der Empfänglichkeit«. Man wird erfahren, meint Forster, welche Geistesanlagen die arbeitende Klasse zu entwickeln vermag, wenn man sie nicht länger zwingt, »die Früchte ihres Fleißes dem privilegierten Räuber und Müßiggänger hinzugeben«. Zu den Feinden der Freiheit und Helfern des Despotismus gehören »Priester und Leviten«, die ihm aus Menschen Automaten schnitzen, z. B. indem sie die »Vernunft durch den seliggepriesenen Glauben an Unsinn« unterdrücken. Zu Freiheit und Menschwürde gelangt die Menschheit nicht durch bloße Aufklärung, sondern durch politisches Handeln, denn nicht die eigene Unwissenheit und Stumpfheit sind den Menschen im Wege zu einem besseren, menschenwürdigen Leben, sondern eine den Menschen entwürdigende, zur Selbstentfremdung führende politische Ordnung wie eben der Despotismus. Der sittliche und kulturelle Stand der Masse der Menschen - und auf sie kommt es an - ist von den gesellschaftlichen Bedingungen abhängig, aber mit der politischen Befreiung der Menschen ist nur die Grundlage für eine höhere Kultur geschaffen, es gilt dann weiterhin an der Bildung der Menschen zu arbeiten. Forster hält nunmehr, ohne es ausdrücklich zu sagen, die revolutionäre Beseitigung des Despotismus auch in Deutschland für notwendig, wenn auch die Zeit dafür noch nicht reif ist: Noch nie habe ein Herrscher freiwillig dem Volke die volle Freiheit gegeben.

Seine Idee von der Humanität der Revolution entwickelt Forster in den *»Parisischen Umrissen«*, die er in den letzten Monaten seines Lebens in Paris und bei seinen Aufenthalten in der Provinz schrieb. Im engsten Zusammenhang mit der Darstellung der Ereignisse - von der Bildung der Nationalversammlung an bis zum Ende des Jahres 1793 - und mit seinem Versuch, die Geschehnisse dem deutschen Leser begreiflich zu machen, also ganz aus der gesellschaftlichen und publizistischen Praxis heraus, entwickelt Forster, freilich aphoristisch, seine theoretischen Überlegungen über Sinn und Wesen der Revolution. Sie hat die Funktion, die Bedürfnisse und den sittlichen

Willen der Volksmassen freizulegen und zur Direktive ihrer Aktionen zu erheben. Mit diesem Ziel, deren Endzweck die Sicherung einer wirklich menschenwürdigen Zukunft des Volkes ist, wird die Revolution zu einer sittlichen Aufgabe. Die »bewegende Kraft« der Revolution ist »die rohe Kraft der Menge«, die »Volkskraft«. Somit ist die öffentliche Meinung »das Werkzeug der Revolution«. Die Bildung der öffentlichen Meinung ist für Forster ein dialektischer Vorgang. Aus den Antagonismen der Revolution heraus führt der Weg zur Durchsetzung des Vernünftigen. Die Politik der Französischen Republik ist von der öffentlichen Meinung, dem »Volkswillen«, getragen. In ihrem Dienst vereinigen sich Volk und Regierung. Was aber die öffentliche Meinung noch nicht erzwingen könne, das ergänze überall, wo es noch nötig sei, die Revolutionsarmee. »Diese Armee [...] entlehnt im Grund [...] von der Entschiedenheit der öffentlichen Meinung ihren Nachdruck«. Eine wichtige Rolle innerhalb der Revolution spielt die Politik des Bündnisses zwischen den einzelnen Schichten des »dritten Standes«. Die Bauern und Arbeiter sollen nicht deshalb Bundesgenossen des revolutionären Bürgertums sein, damit sie diesem bei der Errichtung seiner Herrschaft helfen, sondern damit sie in der Lage wären, die neue Ordnung so mitzugestalten, daß auch ihre Lebensrechte darin gesichert sind. Forster betont in den »Umrissen« einen Gedanken, der schon in seiner Schrift über die Staatskunst zu finden war: Es verdiene nur »der Geist der bürgerlichen Gesellschaft ein wahrer Geist genannt zu werden«, da er alle der Gesellschaft innewohnenden »Intelligenzen« vereine. Die Revolution wird zu einer neuen Lebenshaltung, einer moralischen Emanzipation der Bürger führen, mit dem Verlangen, den ungünstigen Auswirkungen des Reichtums Grenzen zu setzen. Die Überzeugung von der Bedeutung der unteren Klassen für die Zukunft der Französischen Republik und die beeindruckende Lektüre utopisch-sozialistischer Werke bewirkten, daß Forster in der zweiten Hälte des Jahres 1793 begann, seine bisherigen Ansichten von den Segnungen der auf unbegrenzter Entwicklung des Privateigentums beruhenden Wirtschaftsordnung zu revidieren. Er kommt zu einer Kritik am Mißbrauch des Reichtums und vertritt jetzt den Gedanken der Einschränkung der individuellen wirtschaftlichen Freiheit zugunsten staatlicher Regelungen, gibt sich allerdings der illusionären Hoffnung hin, daß die Revolution zu einer dahin gerichteten »Revolution im Denken« führen werde. »Die Verachtung des Geldes, des Reichtums, der Habe ist nicht mehr Neid, nicht mehr Heuchelei, der Reiche selbst ist davon angesteckt, der Reichtum, den er nicht mehr genießen kann, ist fast wie keiner, sein Wert ist hin. Luxus und Aufwand ehren ihren Mann nicht mehr, sie entehren ihn [...] Keine Maßregel, welche die Reichen angreift, ist jetzt ihres Erfolgs ungewiß. Wir werden es bald erleben, daß die Nation alles Reichtums in Frankreich Depositär sein wird«. So schreibt er am 15. Nov. 1793 an Huber (W 4, 4, 934 f.). Die Notwendigkeit der konsequenten Durchsetzung der Revolution leitet Forster aus deren humanistischer Bestimmung ab. Forster fordert die Macht für die Revolution und den Kampf gegen alle Ohnmachtserscheinungen. Ihr Sinn ist die Zerstörung des Vernichtenswerten, das der Weiterentwicklung des Volkes im Wege steht. Der aufklärerische Perfektibilitätsglauben erhält in Forsters Revolutionsbegriff eine höhere, eine gesellschaftlich-praktische Qualität. Im Höhepunkt der Schreckensherrschaft, am 15. Nov., vertrat er in einem Brief an Huber die Ansicht, »daß Freiheit, so wie sie schon jetzt während der Revolutionsregierung nicht möglich ist, bei einem Protektorat wenigstens auf eine Zeitlang verschwinden und nur in den Herzen der Menschen ihre Freistätte behalten könnte«, und er fügte hin: »vielleicht gar nicht zum Nachteil der allgemeinen Ausbildung unsers Weltteils, aber doch zum Verdruß und Leiden der Jetztlebenden« (W 4, 4, 933). Es ging ihm um das Ergebnis: Wenn er aus dem Chaos der Begebenheiten, das von der Revolution unzertrennlich sei, das letzte Resultat ziehe, so scheine es ihm - und mit ihm den besten Köpfen in Frankreich - kein anderes zu sein, als daß die Freiheit, komme was will, in Frankreich unvergänglich ist. Die »Umrisse« schließen mit einem Wort an die Konterrevolutionäre, die hoffen, Frankreich wieder unter ihr Joch zu bringen: »Paris ist immer *unsere* Karte, und Ihr habt verloren«. In den »Umrissen« weist Forster ferner auf die epochale Bedeutung der Französischen Revolution hin, die nicht nur eine französische sei. Die französischen Revolutionäre sind für die Emanzipation der ganzen Menschheit verantwortlich. Ihre Revolution »ist die größte, die wichtigste, die erstaunenswürdigste *Revolution der sittlichen Bildung und Entwicklung des ganzen Menschengeschlechts*«. Frankreich selbst wird »nach dem schweren Verhängnisse, das über ihm waltet, sich dennoch zu einer geläuterten, vernünftigen, wohltätigen Verfassung emporarbeiten«. Deshalb muß die Revolution »im *Ganzen* und *Großen*« gesehen werden, wenn man ihr gerecht werden will. Über das Dilemma moralischer Urteile innerhalb eines so elementaren historischen Prozesses und den Wert aprioristischer moralischer Prinzipien schreibt Forster kurz vor seinem Tod, am 28. Dez. 1793, an seine Frau: »Die Revolution ist ein Orkan, wen kann ihn hemmen? Ein Mensch, durch sie in Tätigkeit gesetzt, kann Dinge tun, die man in derNachwelt nicht vor Entsetzlichkeit begreift. Aber der Gesichtspunkt der Gerechtigkeit ist hier für Sterbliche zu hoch. Was geschieht, *muß* geschehen. Ist der Sturm vorbei, so mögen sich die Überbleibenden erholen und der Stille freuen, die darauf folgt« (W 4, 4, 959).

Forster erlebt noch, daß die Revolutionsarmee »überall ganz löwenmäßig« siegte (W 4, 4, 960) und gibt seiner Freude darüber Ausdruck. Anfang Dezember 1793 erkrankte er wieder an der »skorbutischen Gicht«, die ihn seit seiner Weltreise von Zeit zu Zeit befiel. Diesmal aber warf ihn die auf den ganzen Körper übergreifende Krankheit, zu der wahrscheinlich eine Lungenentzündung kam, auf ein »Schmerzensbett«, das sein Todeslager werden sollte. Am 10. Jan. 1794 starb er, 39 Jahre alt, in einem Revolutionsquartier, dem »Haus der holländischen Patrioten« in der Rue des moulins. Seine letzten Tätigkeiten waren die Abfassung eines (verschollenen) Aufsatzes *»Sur la préponderance de la République françoise«* und die Beschäftigung mit Indien, das er im Auftrag der französischen Regierung bereisen zu können hoffte.

Forsters Bedeutung unter den deutschen jakobinischen Schriftstellern besteht darin, daß er nicht nur praktisch-revolutionär tätig war und die Revolution propagandistisch förderte, sondern daß ihm das politische Geschehen dazu diente, seine während seiner ganzen schriftstellerischen Laufbahn immer entschiedenere Hinwendung zur Wirklichkeit des Lebens mit der Hinwendung zu einem solchen gesellschaftlichen Tun zu vereinen, welches das Leben zum Besseren zu verändern vermag. Es ging ihm um die konkrete Verwirklichung der Humanität. Forster baute die idealistische Vernunfs-und Humanitätsideologie immer mehr ab zugunsten der Berücksichtigung der historischen und gesellschaftlichen Realitäten. So konnte er die Revolution als Mittel zur notwendigen Veränderung der Gesellschaft historisch begründen und moralisch rechtfertigen, so konnte er am überzeugendsten in seiner Zeit den Gegensatz seiner Weltanschauung zu der Ideologie der Vertreter des idealistischen Rigorismus sowie des klassischen Ästhetizismus und Reformismus kennzeichnen. Forster verteidigte unentwegt die Interessen der unterdrückten Mehrheit des Volkes, er hatte als bürgerlich-revolutionärer Demokrat erkannt, daß der Revolution die humanistische Aufgabe zukommt, die Struktur der Gesellschaft zu verändern, und trat optimistisch für eine gesellschaftliche Ordnung ein, in der es nach seinen eigenen Worten »am Ende nur glückliche, tätige, denkende, freie Menschen gibt« (W 4, 4, 690).

Schriften Forsters:

Citoyen Président, Deputés vers l'auguste Assemblée [...]
Rede im Pariser Nationalkonvent am 30. März 1793.
Erstdruck: In: Arthur Chuquet: Mayence 1792-1793. Paris 1892 S. 127 f.

La Constitution n'existait point encore [...]
Rede im Pariser Nationalkonvent am 19. Juli 1793.
Erstdruck: In: Arthur Chuquet: Etudes d'histoire. Série 1. Paris [1903] S. 231-234.

Darstellung der Revolution in Mainz.
Entstanden: Juli bis Okt. 1793
Erstdruck: GA 6, 352-412 [1843!]
Neudruck: W 4, 3, 629-694

Ueber die Beziehung der Staatskunst auf das Glück der Menschheit.
Entstanden: Sept./Nov. 1793
Erstdruck: Friedens-Präliminarien, hrsg. von dem Verfasser des heimlichen Gerichts [Ludwig Ferdinand Huber] (Berlin: Voß), Bd. 6, 1794, St. 23/24, S. 373-406.
Neudruck: W 4, 3, 695-725

Parisische Umrisse.
Entstanden: 22. Okt. bis Mitte Dez. 1793
Erstdruck: [Brief] 1 - 4. Friedens-Präliminarien, hrsg. von dem Verfasser des heimlichen Gerichts [Ludwig Ferdinand Huber] (Berlin: Voß), Bd. 1, 1794, St. 4, 1793, S. 317-365. - [Brief] 5 u. 6. 7. ebd. Bd. 2, 1794, St. 5, 1794, S. 54-68; St. 6, S. 152-169.
Neudruck: W 4, 3, 727-776

Sekundärliteratur:

Heinz *Schulz-Falkenthal:* Georg Forsters Gedanken über den Staat und die Revolution. Wiss. Zs. der Martin-Luther-Universität Halle - Wittenberg. Gesellschafts- u. sprachwiss. Reihe 5, 1955/56, S. 241-252.

Wolfgang *Rödel:* Georg Forsters Beurteilung der Französischen Revolution. Weimarer Beitr. 2, 1956, S. 182-213.

K. *Julku:* La conception de la révolution chez Georg Forster. Annales historique de la Révolution française 192, 1968, S. 227-251.

Ju. Ja. *Moskovskaja:* Georg Forster in Paris. Eine deutsch-französische Revolutionsbeziehung. In: Studien über die Revolution. Berlin 1969. S. 120-138.

Peter *Wende:* Vernunft und Revolution bei Georg Forster. In: Mainzer Zs. Jg. 66, 1971. S. 96-99.

Edith *Schirok:* Georg Forster und die französische Revolution. Eine Untersuchung zum Verhältnis von theoretischer Beurteilung und politischer Aktivität. Phil. Diss. Freiburg 1972.

Ralph-Rainer *Wuthenow:* Das Problem der Revolution in Forsters Schriften. In: GRM. 25. 1973, S. 422-438.

Gerhard *Voigt:* Forster, Lichtenberg und die Revolution... In: Vom Faustus bis Valentin. Der Bürger in Geschichte und Literatur. Argument-Sonderband AS 3 (1976) S. 162-176.

III. Zeugnisse zur Persönlichkeit Forsters

1. Eine Selbsteinschätzung (1787)

»Ich bin dreiunddreißig Jahre alt, ich bin gesund, und mein Äußeres hat, ohne mir zu schmeicheln, nichts Abstoßendes. Ich habe die zweite Reise Cooks um die Welt mitgemacht und sie beschrieben. Mit allen Zweigen der Naturgeschichte, einschließlich Physik und Chemie, habe ich mich beschäftigt. Ich zeichne Pflanzen und Tiere ziemlich gut. Ich habe einige Kenntnis in der Philosophie, den schönen Wissenschaften und Künsten. Aber die Geographie, die Geschichte, die Politik, die öffentlichen Angelegenheiten haben für mich immer Reiz gehabt, und ihnen habe ich alle meine Mußestunden gewidmet. Ich schreibe Latein und verstehe auch ein wenig das Griechische. Ich spreche und schreibe mit Leichtigkeit Französisch, Englisch und Deutsch; ich lese ohne Schwierigkeit das Holländische und Italienische, und mit ein wenig Übung könnte ich mich in der Kenntnis des Spanischen, Portugiesischen und Schwedischen vervollkommnen, da die Anfangsgründe dieser Sprachen mir bekannt sind. Ich verstehe auch ein wenig Polnisch und Russisch, daher scheint es mir, daß man mich vorteilhaft in Verhandlungen und Korrespondenzen, die darauf Bezug haben, verwenden könnte. Vielleicht entspräche dieses meinem Charakter, denn obgleich ich die Unterhaltung liebe, rede ich doch überhaupt wenig und beherrsche mich. Meine Manieren sind sanft, und meine Lebhaftigkeit ist durch Ernst gemäßigt. Ich wünsche gar sehr eine aktive und weitläufigere Stellung. Ich bin treu und eifrig in dem Dienste, zu dem man mich verwendet, und bin frei von den gewöhnlichen Vorurteilen der Gelehrten, die nichts sind als ziemlich schlechte Politiker, da die Theorien und Hypothesen sich selten mit dem Gang der wirklichen Verhältnisse in der Welt vereinigen. Meine Ehre und der Beifall meiner Vorgesetzten sind die einzigen Regeln meines Betragens. Ich füge noch hinzu, daß ich von Natur nüchtern bin, daß ich nicht spiele und daß ich in meiner Häuslichkeit zu glücklich bin, um unerlaubte Verbindungen zu suchen. Ich verlange nicht Reichtümer aufzuhäufen, aber ich wünsche zur Ehre und zur Würde meines Herrn anständig gestellt zu sein. Dies ist alles, [...] was ich zu meinen Gunsten sagen kann. Meine Talente sind beschränkt, mein Esprit ist nicht glänzend und erhaben; ich habe Fehler und Unvollkommenheiten, wie jedermann sie hat, aber ich habe keine Laster«.

(Aus Forsters Brief an D'Elhuyar vom 23. Dez. 1787 [GA 7, 400 f.], aus dem Französischen übersetzt.)

2. *Eine Einschätzung durch seine Frau (1829)*

»Forsters Persönlichkeit vermehrte das Interesse, das seine unerhörte Eigenschaft eines Weltumseglers einflößte; nicht weil er hübsch war - seine ursprünglich regelmäßigen Züge waren durch die Kinderblattern eingeschrumpft und mit Narben bedeckt; der heftige Skorbut, den er auf seiner Seereise erlitten, und von dem die Masse seiner Säfte auf immer angesteckt war, hatte das Weiße seiner Augen gefärbt und seine Zähne gänzlich verdorben; aber sobald er durch das Gespräch belebt war, erhielten seine Züge den mannigfachen Ausdruck, und kaum sah ich je ein Gesicht, das durch den Geist und die Empfindung einer größeren Verschönerung, und eben auch des Gegenteils, fähig gewesen wäre. Ein Ausdruck von Bescheidenheit und Sicherheit zugleich gab ihm den Anstand der besten Gesellschaft, so daß er in dem geistvollsten Zirkel gefiel und im vornehmsten an seinem Platz war. Unaufgeregt sprach er nicht, aber sobald er von einer Idee erwärmt war, drückte er sich, nicht im Deutschen allein, sondern auch im Englischen und Französischen mit so viel Leichtigkeit und in so klarem Zusammenhange aus, daß, wie ich schon sagte, seine Unbehülflichkeit, auf dem Lehrstuhl zu sprechen, gar nicht zu erklären ist. Sein Betragen im engen Familienkreis war immer so fein und gesittet wie in der Gesellschaft. Nie hörten die Seinen ein rauhes Wort von ihm, nie vernachlässigte er seine Kleidung, sein Zimmer, noch die Aufmerksamkeit eines Mannes von feinem Ton gegen weibliche Bekannte. Bei diesem höchst gebildeten Betragen bezeigte er die gütevollste Teilnahme an fremden Schicksalen, wurde leicht heimisch im engern Kreise und machte keine Art von gesellschaftlichen Ansprüchen. Dafür hatte er aber auch das Glück einer Art unschöner Männer, daß ihm die Frauen auf halbem Wege entgegenkamen, was ihm bei seinem sehr weichen Herzen stets den Genuß einer sehr gesteigerten Freundschaft gewährte«. (B I, 61)

Georg Forster gehört zu den Schriftstellern, die schon zu Lebzeiten die Anerkennung der Koryphäen ihrer Zeit fanden; aber nach seinem Tode wurde er durch viele Jahrzehnte hindurch totgeschwiegen, obwohl Friedrich *Schlegel* bereits 1797 geschrieben hatte: »Es verlohnt sich wohl der Mühe, Forsters Schriften nicht zu verkennen. Wenige deutsche sind so allgemein geliebt. Wenige verdienen es noch mehr zu werden«. (Friedrich Schlegel 1794 - 1802. Seine prosaischen Jugendschriften. Hrsg. von J. Minor. 2. Bd. Wien 1882. »Georg Forster«: S. 119-139). Bereits bei der Beurteilung seines ersten großen Werkes schieden sich die Geister. Während in England die Cooksche Beschreibung der Weltreise im Vordergrund und im Mittelpunkt der Diskussion um die »Voyage round the World« das lange Pamphlet von William Wales stand, und in Deutschland einige Rezensenten den »philosophischen« Betrachtungen des jungen Autors wenig Geschmack abgewannen und an manchen Fakten herummäkelten, fand das Buch vor allem bei Wieland und A. von Humboldt von verschiedenen Blickpunkten aus eine gerechte Würdigung.

Wieland beurteilt den 1. Band in einer ausführlichen, abgewogenen Besprechung im »Teutschen Merkur« (1778) vom Standpunkt des Humanismus der Aufklärung. Es sei immer der Mühe wert, einem Manne zuzuhören, der uns seine Reise um die Welt erzählt.

> »Ist aber der so weit gereisete Mann noch dazu ein Mann von vorzüglichen Fähigkeiten, aufgeklärtem Geist und Kenntnissen, die ihn in den Stand setzen, besser zu *sehen*, scharfsinniger zu *vergleichen*, richtiger zu *schließen* als gemeine Seefahrer, um so schätzbarer werden uns seine Nachrichten; und ist es vollends noch ein junger Mann, dessen warmes Herz jeden Eindruck der Natur desto reiner und tiefer auffaßt, den neuen Gegenständen, die sie ihm darstellt, noch mit Liebe entgegenschlägt, und der, wenn er sich des Schönen und Großen, so er nicht nur gesehen, sondern auch *genossen* hat, wieder erinnert, mit Feuer und Begeisterung davon spricht: so weiß ich nicht, welches Gedicht, wenngleich das Werk der reichsten und glänzendsten Einbildungskraft, uns so viel Vergnügen machen könnte als eine solche Reisebeschreibung«.

Wieland zeigt sich besonders berührt von Forsters Darstellung des Lebens der Südseeinsulaner, »die dem Weisen unendlich willkommener sind als abgezogene Resultate, studierte Hypothesen und idealisierte Abbildungen oder vielmehr Vorspiegelungen, womit wir uns so oft, anstatt echter Geschichtserzählungen und lebendiger Bilder, abspeisen lassen müssen«. Wieland ist von der weltanschaulichen Haltung und der Erlebnistiefe des Autors angetan, besonders beeindrucken ihn aber die intellektuelle Verarbeitung des Materials, das Denk- und Anschauungsverfahren und die Darstellungsart, zumal diese im engsten Zusammenhang mit den Beobachtungen und Reflexionen stehen.

Neben dem Urteil des Literaten steht das gleichfalls profunde des Gelehrten, A. von *Humboldts.* Seinen Blick bannte nicht allein das völkerkundliche und geographische Faktenmaterial. Er sah vielmehr die Methode der Bearbeitung der Befunde, die sich mit dem Verfahren der Darbietung, d. h. der Erziehung zur Hinwendung an die Realität und zur Schlußfolgerung, verbindet, von Forster nach zwei Richtungen hin bereichert, mit dem großartigen Debüt der »Reise um die Welt«, aber auch durch seine späteren Schriften. Humboldt hebt in seinem »Kosmos« (2. Bd. Stuttgart u. Tübingen 1847 S. 65-72) zunächst hervor, daß etwa von der Mitte des 18. Jhs. an eine neue Art der Naturbetrachtung aufgekommen ist. Sie ist dadurch gekennzeichnet, daß nicht mehr das Arsenal der Fakten, das Gewicht des Einzelwissens alle »intellektuelle Anschauung« unterdrückt, sondern das Bemühen um tieferes Verständnis, um Eindringen in die Zusammenhänge die Vorherrschaft gewinnt. Forster sei unter die Forscher und Schriftsteller zu rechnen, die durch Anregung der Einbildungskraft »mächtig auf die Belebung des Naturgefühls, den Kontakt mit der Natur und den davon unzertrennlichen Trieb zu fernen Reisen gewirkt« haben. Die besondere Art und Weise der Naturbelebung und der Belebung des Naturgefühls sieht Humboldt als Teil einer umfassenderen Leistung an: Forster sei der Schriftsteller, der in der deutschen Literatur am kräftigsten und erfolgreichsten den Weg einer neuen Richtung der Reisebeschreibung gewiesen habe: »Durch ihn begann eine neue Ära wissenschaftlicher Reisen, deren Zweck vergleichende Völker- und Länderkunde ist«. Diese neue wissenschaftliche Verfahrensweise vereint alle durch Reisen zu erschließenden Disziplinen mit der Betrachtung der gesellschaftlichen Verhältnisse und sieht ihre Aufgabe darin, alle Gegenstände dieser Gebiete zu einer Gesamtschau zu vereinen, wechselseitige Beziehungen und Gesetzmäßigkeiten festzustellen. Dies alles setzt voraus, daß in planmäßiger, allseitiger Betrachtung der einzelnen Beobachtungsobjekte das Allgemeine erkannt und Begriffe und Ideen aus der Anschauung gebildet werden. Es geht also, wie Humboldt betont, um einen Reichtum des Beobachteten, der einen wissenschaftlichen und weltanschaulichen Weitblick, »Universalität« und »Größe der Weltansicht«, voraussetzt und sich in der Anschaulichkeit einer kraftvollen, lebendigen Darstellung niederschlägt. Daraus folgen »die unausgesetzt fortschreitende Erweiterung unseres Gesichtskreises, die wachsende Fülle von Ideen und

Gefühlen, die tätige Wechselwirkung beider«. Humboldt wollte durch die vergleichende Völker- und Länderkunde die Natur- und Menschenkenntnis als Wissenschaft wirkungsvoller und unmittelbar in den Dienst der Humanisierung des Menschen stellen, und er wußte sich in diesem Streben mit dem in der »Reise um die Welt« mehr geniehaft, mit jugendlichem Schwung, pionierartig-fragmentarisch die neue Anschauungsweise und das neue Verfahren dokumentierenden Forster nicht nur eins, er bezeichnete ihn geradezu als seinen Lehrer.

Als das Wirkungsträchtige der Schriften Forsters bezeichnet Schlegel mit dem Blick auf die »Reise um die Welt« »dieses Weltumfassende seines Geistes, dieses Nehmen aller Gegenstände im Großen und Ganzen« und die Beachtung des Wertes »einer universellen Empfänglichkeit«. Die äußere Wahrnehmung sei stets die Grundlage seiner geistigen Tätigkeit, »gleichsam der elastische Punkt«; Forster wisse, vom Einzelnen ausgehend, bald ins Allgemeine zu spielen. Aber »nie beschäftigt er die Einbildungskraft, das Gefühl oder die Vernunft allein: er interessiert den ganzen Menschen«. Für seinen Geist sei die Weltumseglung »vielleicht die wichtigste Hauptbegebenheit seines Lebens« gewesen.

Von Forsters als Ergebnis seiner Weltreise verfaßten Schriften erkannte man den »Brodbaum« als bedeutsam für eine neue Methode der Naturbetrachtung und den Fortschritt Forsters als Gelehrten. Wenn man Forsters Ausdrucksweise in dieser Schrift lobt, von »blühender Schreibart« spricht (Anton Friedrich *Büsching* in den Wöchentlichen Nachrichten 12. Jg., 29. März 1784, S. 99) oder von dem »glücklichen Versuch«, »Gegenstände der Botanik [...] in einem so interessanten und einnehmenden Vortrag einzukleiden, als es bisher fast Graf Buffon allein, mit so vielem Glücke im Tierreich getan hat« (Medizinische Bibliothek, hrsg. von J. F. *Blumenbach* Bd. 1. St. 3 S. 523), so zielt dies nicht allein auf den Stil, sondern schließt die Methode mit ein. Besonders hervorgehoben wird in den Rezensionen der Wert, den die Arbeit durch die persönlichen Beobachtungen des Weltreisenden besitzt, eine Betonung der grundsätzlichen Bedeutung der Feldforschung, die ja eine wesentliche Grundlage der Forsterschen Arbeiten ist.

In der Zustimmung zu Forsters Polemik gegen Kant sammelten sich die Gleichgesinnten. *Herder* hatte »große Freude darüber«, die er in einem leider nicht erhaltenen »lieben vortrefflichen Brief« bekundete (W 4, 4, 439); auch der Brief *Lichtenbergs* ist nicht vorhanden, der für Forster »ein Fest« war: »ich schwelgte, denn in einer Stunde las ich ihn dreimal« (W 4, 4, 431). *Sömmerring* und selbst der vorsichtig-sachliche *Heyne* spendeten gleichfalls Beifall.

Die Abhandlung über Cook wird weithin als ein Beispiel echter volkstümlicher und zugleich geistvoller Publizistik angesehen. »Der Vortrag ist blühend und schön«, lautet ein zeitgenössisches Urteil, »oft von einer hinreissenden Beredsamkeit belebt. Es wehet in ihr ein philosophischer Genius, der reich ist an neuen Gedanken von allerlei Art, und jeder Leser findet hier die interessantesten Nachrichten.« (Nürnbergische gelehrte Zeitung. 51. St. vom 26. Juni 1787.) Daß Forster mit seiner Arbeit dem großen Kapitän für alle Zeiten einen festen Platz im Bewußtsein des deutschen Publikums verschafft hat, wird immer wieder betont: »Schande wäre es, wenn nicht diese Geschichte seine Reisen verewigen und ein besseres *Denkmal* als Erz oder Marmor werden sollte! Doch wer wird daran zweifeln, da ein solcher Mann einen solchen Geschichtschreiber und Lobredner gefunden hat. (Tübing. Gelehrten Anzeigen. 101. St. vom 17. Dez. 1787.) Das Ensemble von Übersetzung und Vorrede ragt aus den zahlreichen Forsterschen Bearbeitungen von Reisewerken dadurch heraus, daß es im Blätterwald ein viel stärkeres Echo hervorrief als Forsters »Reise um die Welt« und oft eine begeisterte Würdigung erfuhr. Immer wieder wurde der weltanschauliche Beitrag des literarischen Cook-Denkmals hervorgehoben; man schrieb z. B., daß es »nur von Forster, der nicht von Alltagsphilosophie triefet, sondern von der vollen Mittagssonne der Vernunft beleuchtet und erwärmt ist«, hätte errichtet werden können (Oberdeutsche allgemeine Litteraturzeitung. 115. St. vom 27. Sept. 1790). *Lichtenberg*, der sachkundigste Beurteiler, schreibt dem Autor: »Liebster Freund, o, wenn Sie wüßten, was Sie mir für eine Freude mit Ihrem Cook, dem Entdecker, gemacht haben! Ich habe lange nichts gelesen, was meiner Vernunft und Phantasie eine so reizende Beschäftigung gewährt hätte als dieser vortreffliche Aufsatz.« (Lichtenbergs Briefe. Hrsg. von A. Leitzmann und C. Schüddekopf Bd. 2 Leipzig 1904. S. 310.) *Sömmerring* schreibt im Hinblick darauf, daß Forster gleichsam das Goldene Zeitalter vom Himmel auf die Erde heruntergeholt hat: »In den Ideen über Cook bin ich so sehr mit Dir einig, daß ich glaubte, sie wären mir aus der Seele geschrieben, Du weißt *die Art* Skeptizismus war immer meine Sache. Ich glaube, das allein ist Wahrheit.« (Georg Forster's Briefwechsel mit S. Th. Sömmerring, Hrsg. von Hermann Hettner. Braunschweig 1877. S. 401.)

Wenn auch nur wenige Zeitgenossen die volle Bedeutung der Vorreden Forsters zu den Büchern über Nordamerika erfassen konnten, so war man doch angetan von den »durch einen philosophischen Geist brauchbar gemachten Kenntnissen« und hob hervor, daß in der Schrift über den Pelzhandel« nicht bloß der Geograph, und überhaupt der Freund der Länder- und Völkerkunde, sondern auch der Staatsmann und der denkende Kaufmann Nahrung für den Geist finden werden.« (Der Hamburgische unpartheyische Correspondent vom 14. Jan. und 22. Febr. 1792.) Die Bedeutung der hier skizzierten und in seinen Aufsätzen praktizierten weltanschaulichen Haltung und naturwissenschaftlichen Methode Forsters in seiner vorwiegend vernunftsgläubigen, illusionistischen Zeit hat keiner klarer erkannt als *Schlegel*. Er nennt solche Arbeiten Forsters »weltbürgerliche, gesellschaftliche Schriften«, die »ein ebenso unentbehrliches Mittel und Bedingnis der fortschreitenden Bildung als eigentlich wissenschaftliche und künstlerische« Werke seien. In der Erkenntnis, daß Forster der erste deutsche Naturforscher war, der die Ergebnisse der natur-, völker- und länderkundlichen Forschung in der Richtung auf den gesellschaftlichen Fortschritt und der Vertiefung des klassischen Humanismus philosophisch zu verwerten suchte, nennt ihn Schlegel einen »in seiner Art vortrefflichen *gesellschaftlichen Schriftsteller«*.

Über die kleineren philosophischen und ästhetischen Schriften Forsters liegen uns nur wenige zeitgenössische Urteile vor. Es sei hier ein Blick auf diejenigen geworfen, die in das Zentrum weltanschaulicher Auseinandersetzungen vorstoßen. Für das Echo auf Forsters Aufsätze gegen die politische und religiöse Bevormundung sowie »aufklärerische« Einengung und Intoleranz macht sich gewiß wiederum *Schlegel* zum Sprecher, wenn er den Aufsatz »Ueber Proselytenmacherei« eine köstliche Schrift nennt, in der Forster »mit edlem, männlichen Eifer« sich der »verfolgungssüchtigen Beschränktheit handwerksmäßiger Aufklärer«, die selbst »in der Dämmrung tappen«, widersetzte, und Forster habe es angestanden zu sagen: »Frei sein, heißt Mensch sein«. Der Aufsatz »Die Kunst und das Zeitalter«, durch das Schillersche Gedicht »Der Künstler« inspiriert und in Schillers »Thalia« veröffentlicht, ist Schlegel »bei seinen herrschenden Grundgedanken von Fortschreitung und Vervollkommnung [...] eine herrliche Bestätigung« von Forsters »unglaublich großer Vielseitigkeit, daß er die Begriffe von urbildlicher Schönheit und unerreichbar einziger Vollendung so lebendig auffassen und seinem Wesen gleichsam ganz einverleiben konnte; ohngeachtet er die lähmende Idee des *Unverbesserlichen* mit Recht verabscheute«. (Schlegel S. 136 f.) *Schiller* aber hatte zwar »einen außerordentlichen Genuß beim Lesen« dieses Aufsatzes, wegen der »Eleganz und Lebendigkeit«, mit denen Forster seine Meinungen vortrage, aber Forster schien ihm »an manchen Orten durch Herdersche Ideen zu sehr hingerissen«. (Brief an Huber vom 13. Jan. 1790. Schillers Briefe. Hrsg. von F. Jonas. Bd. III Stuttgart u. a. 1893. S. 18 f.) Damit hatte Schiller recht. Herders historisch begründete und die vielfältigen äußeren Einflüsse auf das künstlerische Schaffen berücksichtigende Kunsttheorie, vor allem in seinen »Ideen zur Philosophie der Geschichte der Menschheit« (1784-1791) niedergelegt, hatte sich mit Forsters empirisch-historischer, zum Materialismus tendierender Naturbetrachtung und in historischen Entwicklungsstufen denkender Weltsicht verbunden (s. Kap. II, 5). Von den zahlreichen, durchweg positiven Urteilen über Forsters Literaturkritiken in den weitverbreiteten »Annalen« von Archenholtz, ist die gewichtigste die W. von *Humboldts,* der das Prädikat »meisterhaft« für Forsters 1788er Aufsatz wie folgt begründet:

»Es geht alles so in einer Reihe, an einem so künstlich gesponnenen Faden fort, ohne daß man doch in irgendeiner Stelle die Kunst bemerkt, die dazu gehörte, ihn so zu spinnen. Vorzüglich aber hat mir die Art gefallen, wie Sie den Einfluß des britischen Nationalgeistes auf die Literatur zeigen. Eine Kenntnis der neuesten Schriftsteller eines Landes, ihrer Schriften u. s. f. kann immer ganz interessant sein, aber der räsonierende Leser verlangt doch mehr; er will wissen, warum die Schriftsteller in diesem Lande gerade in diesem und keinem anderen Geiste schrieben, warum gerade diese Zweige der Literatur und keine andere blüheten? und das dünkt mich doch, haben Sie vortrefflich entwickelt. Die Stelle vom Religionszustande in England ist ganz in dem Geiste geschrieben, in dem ich jetzt recht vieles geschrieben wünschte« (B I, 797).

Den größten Widerhall und die stärkste Nachwirkung hatte von allen literaturfördernden Leistungen Forsters seine »Sakontala«-Übersetzung. Die Bereicherung, die sie für die geistige Landschaft der deutschen Klassik bedeutet (s. Kap. II, 6), spiegelt sich in der enthusiastischen Aufnahme durch die Weimarer Dichter wider. *Schiller,* der in seiner »Thalia« erste Proben aus dem Schauspiel veröffentlicht hatte, findet, »daß es im ganzen griechischer Altertum keine poetische Darstellung schöner Weiblichkeit oder schöner Liebe gibt, die nur von fern an die Sakontala [...] reichte«. (Brief an W. von Humboldt vom 17. Dez. 1795. Schillers Briefe. Hrsg. von F. Jonas. 3. Bd. Stuttgart u. a. 1893, S. 173.) *Goethe* beschäftigt »dieses unergründliche Werk«, in dem »die allernatürlichsten Zustände« dargestellt werden, »in die Regionen der Wunder [...] poetisch erhöht«, und dem er ein Epigramm widmete, durch Jahrzehnte hindurch (»es hat eine solche Epoche in meinem Lebensgange bestimmt [...]«). Er nahm den Prolog des indischen Dramas zum Vorbild für das »Vorspiel auf dem Theater« und den »Prolog im Himmel« seines »Fausts« und suchte das ganze Stück der deutschen Bühne anzueignen, so daß er es »zu studieren nicht unterließ«. (Goethes Werke. IV. Abt. 47. Bd. Weimar 1909. S. 284 f.) *Herder* schreibt kurz nach dem Erscheinen der »Sakontala«, angenehmer als dieses Geschenk sei ihm »so leicht keine Produktion des menschlichen Geistes gewesen, und eine so unerwartete Produktion, eine wahre Blume des Morgenlandes, und die erste, schönste ihrer Art« (Brief an Forster vom 14. Nov. 1791. In: Aus Herders Nachlaß. Hrsg. von H. Düntzer u. F. G. von Herder. Frankfurt a. M. 1857); er sang der »Sakontala« in seinen »Zerstreuten Blättern« (4. Sammlung 1792) ein Loblied und ermunterte, das Buch zu lesen, »aber nicht europäisch, d. i. um etwa nur den Ausgang zu wissen, mit flüchtiger Neugierde, sondern indisch, mit feinaufmerkender Überlegung, Ruhe und Sorgfalt«. Herder beweist die Echtheit der »Sakontala« und würdigt den dramatischen Charakter der Dichtung, auf den seines Erachtens nicht die poetischen Regeln des Aristoteles angewendet werden können. Zugleich mit diesem Aufsatz brachten die »Zerstreuten Blätter« gleichsam zur Bekräftigung, daß die Anregung Forsters auf fruchtbaren Boden gefallen war, Herders Übertragungen indischer Dichtungen in den »Gedanken einiger Brahmanen«, die zum Teil auf Literatur beruhten, die Herder sich von Forster geliehen hatte. Welche Impulse nun wiederum von Herders Arbeiten ausgingen, bezeugt eine Reihe von Stimmen. »Ich bewunderte diese Nacht Ihren Scharfsinn bei Entwicklung der Schönheiten in Sakontala«, schrieb Gleim an Herder, »muß nun die Indierin noch einmal mit Andacht lesen«. Wie sehr Herder daran gelegen war, durch orientalische Humanität, wie er sie sah, den Geist seiner Zeit zu beeinflussen, erhellt aus der »Adrastea«, in der er die großen Verdienste des 18. Jhs. in der europäischen Indienforschung hervorhob, aber resignierend feststellte: »Wieweit schreitet der Geist der Europäer vorwärts! wie fern zurück bleibt ihre Handlungsweise!« Im besondern Maße trat Herder dafür ein, daß die ideellen Potenzen der Arbeit Forsters weiterwirken konnten. *Heyne* hat in einer ausgezeichneten Rezension (Göttingische Anzeigen von gelehrten Sachen vom 23. Juni 1791. S. 1002-1008) »Sakontala« als »eine der größten Seltenheiten, welche man aus der asiatischen Literatur ans Licht gebracht hat«, gewürdigt. Auf dem Hintergrunde des Despotismus wurde für Heyne deutlich, »was für ein unschuldiges Menschengeschlecht« die alten Inder gewesen sein müssen, und das Mädchen Sakontala wurde dem Rezensenten zur Vertreterin des indischen Volkes.

Durch seine Erschließung Kalidasas hat Forster den Boden für eine intensive und fruchtbringende Beschäftigung mit der indischen Kultur bereitet und vor allem zum Studium des Sanskrit hingeführt. Wir wissen, welche Bedeutung die Männer, die ihre erste tieferwirkende Bekanntschaft mit der indischen Literatur Forsters »Sakontala« verdankten, für die Entwicklung der deutschen Indologie hatten: Friedrich von Schlegel, der 1808 sein Werk »Über die Sprache und Weisheit der Indier« veröffentlichte, August Wilhelm von Schlegel, der erste deutsche Professor des Sanskrit, und Wilhelm von Humboldt. Die Wirkung von Forsters Übersetzung und seine 118 Seiten umfassenden, von Lichtenberg und Heyne sehr geschätzten Erläuterungen dazu blieb jedoch keineswegs auf Deutschland beschränkt. Die deutsche »Sakontala«, eine Übertragung aus zweiter Hand, war die Grundlage für die erste russische, niederländische, dänische, französische, italienische und polnische Übertragung. Der Geist, aus dem das altindische Schauspiel dargeboten wurde, harmonisierte mit den Idealen der humanistischen Vertreter der Völker um die Jahrhundertwende.

Ebenso stark und nachhaltig wie Forster als Literaturvermittler durch die »Sakontala« seine Mitwelt beeinflußte, wirkte er als Schriftsteller durch seine »Ansichten«. Bereits auf der Reise hatte sein Gefährte A. von *Humboldt* Teile der Aufzeichnungen Forsters gelesen und diese, wenn er auch mit den Urteilen des Freundes nicht durchweg übereinstimmte, also so »schön geschrieben« empfunden, daß er glaubte, sie werden »Aufsehen in der Welt machen«. (Jugendbriefe A. von Humboldts an W. G. Wegener. Hrsg. von A. Leitzmann. Leipzig 1896 S. 79). Das literarische Gewicht des Werkes besiegte die Bedenken *Heynes,* der seinem Schwiegersohn mitteilte, er habe selbst die Rezension übernommen und die erste Abneigung überwunden, es seien gewiß herrliche Stücke darinnen. In seiner Besprechung in den »Göttingischen Anzeigen« (21. Apr. 1792) weist Heyne auf die Rolle der Phantasie hin, mit deren Hilfe der Schriftsteller in der Lage ist, über eine reine Beschreibung der Wirklichkeit hinaus eine schöpferische und deutende Gestaltung der Wirklichkeit zu geben. »Man sieht hier, was für ein wohltätiges Naturgeschenk die Phantasie ist, wenn sie mit Mannigfaltigkeit der Kenntnisse, mit Scharfsinn und mit feinem Gefühl begleitet ist.« Die anscheinend überschwenglichen Urteile *Lichtenbergs:* »Ich sage Ihnen ebenso aufrichtig als gerade heraus, daß ich Ihre ›Ansichten‹ als eins der ersten Werke in unserer Sprache halte« (Lichtenbergs Briefe. Hrsg. von A. Leitzmann u. C. Schüddekopf. Bd. 3 Leipzig 1904. S. 27 u. 22, die f. Anf. S. 27) und »Ich lese es als ein Buch über den Menschen« werden durch viele Zustimmungen bestätigt, in denen divergierende Persönlichkeiten Gleichlautendes äußern. Das Goethewort: »Man mag, wenn man geendigt hat, gerne wieder von vorne anfangen und wünscht sich mit einem so guten, so unterrichteten Beobachter zu reisen« (Goethes Briefe. Bd. 9 Weimar 1891. S. 311), wird bestätigt durch *Schubart:* »Mit diesem hellem Kopfe, diesem gesalbtem Auge, diesem empfindlichen Herzen, diesen Kenntnissen, diesem Geschmacke sollte man eigentlich reisen, wenn man seine Reisebeschreibungen der Welt mitteilen will.« (»Chronik« vom 12. Juli 1791 S. 461 f.) *Lichtenberg* findet ein poetisches

Gleichnis für den gleichen Gedanken: »Ich habe einmal in einem Feenmärchen eine sehr angenehme Vorstellung gelesen; der Held nämlich reiset, und unter der Erde reist ihm beständig ein Schatz nach, wohin er auch geht. Bedarf er etwas, so pocht er nur leise an die Erde, so steht der Schatz still und öffnet sich ihm. Sie sind mir, bester Freund, auf Ihrer Tour hundertmal so vorgekommen wie jener Glückliche in der Feenwelt. Auch da, wo Ihr Stab den Boden nicht anschlug, sah ich immer den Schatz Ihnen folgen.« Und Knigges Lobspruch, das Werk sei »ganz des Mannes wert, der die seltenste Freimütigkeit, Nüchternheit der Vernunft und Wahrheitsliebe mit Kraft, Feuer, Eleganz und Würde im Ausdrucke verbindet« (Schriften von Adolph Freiherrn Knigge. Bd. 10. 2. Aufl. Hannover 1806. S. 51), findet seine Entsprechung in dem prägnanten Bekenntnis W. von *Humboldts:* Was seine »Bewunderung so heftig anzieht«, sei »eine so strenge Richtigkeit der Ideen mitten im glühendsten Feuer der Begeisterung«. (Albert Leitzmann: Georg und Therese Forster und die Brüder Humboldt. Bonn 1936. S. 99.)

Die Wirkung der »Ansichten« ist vielfältig und erstreckt sich weit über die Zeit ihrer Entstehung hinaus. Schon seine Art der Reiseschilderung hat für die Nachwelt mehrere Aspekte. Der eine Weg führt von den »Ansichten« zur länderkundlichen Methode und wissenschaftlichen Darstellungsweise. Auf einer höheren Ebene als der seiner »Reise um die Welt« liefert Forster eine Dokumentation der *»vergleichenden Völker- und Länderkunde«,* die A. von Humboldt erkannt und weiterentwickelt hat. Ein anderer Weg hat als Ausgangspunkt die mit den gesellschaftlich-politischen Grundanliegen eng verknüpfte *schriftstellerisch-künstlerische Gestaltung* von Reiseerlebnissen, wie sie Forster erstmalig manifestierte. Ohne die »Ansichten« sind die Reiseberichte und Reisebilder von Arndt, Seume, Chamisso und Heine nicht denkbar. Damit wiederum eng verbunden sind die Einflüsse, die Forsters Werk auf die Kultur des Reisens ausgeübt hat. Es geht um das Gewinnen tieferer Eindrücke und das Erfassen von Zusammenhängen. In diesem Betracht sind zwei besondere Komplexe bedeutsam. Zum ersten die Anregungen, die Forster der Kunstbetrachtung und Bildbeschreibung gegeben hat, vor allem in der Richtung ihrer theoretischen Vertiefung und durch den Grundsatz, daß der Mensch nicht in erster Linie als Gestalt, sondern als gesellschaftliches Wesen »der höchste Gegenstand der bildenden Kunst« ist. Zweitens aber könnte man von einer »universalen Geschichtsbetrachtung« reden. Die historischen und auch die zeitgeschichtlichen Vorgänge sucht Forster in ihren Beziehungen zu den wirtschaftlichen, geographischen, staatspolitischen und religionspolitischen Gegebenheiten, zum Nationalcharakter und den gesamten Umkreis weiterer Einflußgebiete zu erfassen. Auf diese Weise konnten die »Ansichten« dazu beitragen, Verständnis für die politischen Bewegungen, insbesondere die Französische Revolution, zu wecken.

Auf die verschiedensten Bereiche des Lebens – auf die Kunst und Methode der Reisebeschreibung, die Völker- und Länderkunde, die politische Geschichte, die Kunstgeschichte, die Ästhetik, die Publizistik, die deutsche Literatur –, auf die Entwicklung des gesellschaftlichen Denkens überhaupt erstreckte sich die Wirkung der »Ansichten«.

Die Verurteilung der jakobinischen Bekenntnisse und der revolutionären Aktivitäten Forsters durch die deutsche Bourgeoisie verhinderte Wirkung und Würdigung seiner politischen Schriften, die vornehmlich als Flugblätter zur Zeit der Mainzer Republik und 1793/94 in Hubers »Friedenspräliminarien« herauskamen (»Revolutionen und Gegenrevolutionen aus dem Jahre 1790«, »Ueber die Beziehung der Staatskunst auf das Glück der Menschheit« und »Parisische Umrisse«). So steht *Schlegel* wie ein Rufer in der Wüste, als er sich 1797 für Forsters politische Schriften einsetzte. Es scheint so, als habe er die bereits mehrfach erwähnte Charakteristik Forsters nur geschrieben, um sich mit den zeitgenössischen Kritikern der »Parisischen Umrisse«, die den größten Bürgerschreck in Deutschland hervorgerufen haben mögen, auseinanderzusetzen und einer sachlichen Beurteilung auch dieser Schrift den Weg zu bahnen. Vor allem sieht er die politischen Schriften Forsters nicht isoliert. Des Autors Grundbegriffe sind für ihn: »Die unerschütterliche *Notwendigkeit* der Gesetze *der Natur* und die unvertilgbare *Vervollkommnungsfähigkeit des Menschen:* die beiden Pole der höhern politischen Kritik!« Diese aber »herrschen allgemein in allen seinen *politischen Schriften,* welche deshalb umsomehr Wert für uns haben müssen, da auch viele unsrer besseren Geschichtskünstler nur wie Staatsmänner die Klugheit einzelner Entwürfe und Handlungen würdigen, zu wenig Naturforscher sind. Die gründlichsten Naturrechtslehrer hingegen sind oft im Gebiet der Erfahrung am meisten fremd, in deren Labyrinth man sich doch nur an dem Leitfaden jener Begriffe finden lernt.« Ein lebendiger Begriff von der Würde des Menschen sei in Forsters Schriften gleichsam überall gegenwärtig. So sei ihm nichts widerwärtiger als die Lehre, »der einsichtsvolle Herrscher dürfe den Untertanen zwingen, nach seiner Willkür glücklich zu werden«. Das erhelle besonders der Aufsatz über die Staatskunst. Die »Erinnerungen« schätzt Schlegel als besonderen Ausdruck der Schreibart eines gesellschaftlichen Schriftstellers. Sie seien in der ganzen deutschen Literatur das einzige Werk seiner Art; es übertreffe »alle übrigen an Glanz des Ausdrucks, an feiner Ironie, und an verschwenderischem Reichtum überraschend glücklicher Wendungen«. Es sei ja keine leichte Aufgabe gewesen, »sich hier zwischen Scylla und Charybdis durchzuwinden, nie die Aufrichtigkeit zu beleidigen und doch keine Schicklichkeit zu verletzen«. Schlegel wendet sich grundsätzlich gegen Forsters Tadler, besonders aus dem Bereich der Jenaischen Allgemeinen Literaturzeitung, wenn er den Tadel abwehrt, »daß die Parisischen Umrisse parisisch sind, daß sie Farbe des Orts und der Zeit verraten; und unverzeihlich, daß der denkende Beobachter das Unvermeidliche notwendig fand«. Denen, deren Hauptpassion es ist, Widersprüche herauszusuchen, schreibt Schlegel ins Stammbuch: »Für ein Lehrgebäude mag die gänzliche Freiheit auch von den geringsten Widersprüchen die wesentlichste Haupttugend sein. An dem einzelnen ganzen Menschen aber im handelnden und gesellschaftlichen Leben entspringt diese Gleichförmigkeit und Unveränderlichkeit der Ansichten in den meisten Fällen nur aus blinder Einseitigkeit und Starrsinn, oder wohl gar aus gänzlichem Mangel an eigner freier Meinung und Wahrnehmung.« Schlegels Resümee lautet: »In dem Wesentlichsten, dem *Gesichtspunkt,* sind also diese hingeworfenen Umrisse ungleich historischer als manches berühmte und bändereiche Werk über die Französische Revolution.« Er fügt 1801 hinzu: »im Ganzen noch immer das einzige verständliche und verständige Wort über jene große Epoche«.

V. Zur Geschichte der Forsterforschung und -edition als Spiegel der Wirkungsgeschichte

»Zur Erweiterung des Reichs der Wahrheit aus allen Kräften beizutragen«, das war nach Forsters eigenen Worten »des Schriftstellers höchste Pflicht« (W 4, 3, 636). So sehr sich Forster zeit seines Lebens um die Auffindung und Verbreitung der Wahrheit bemühte, so schwer ist es der Nachwelt geworden, die Wahrheit über ihn selbst zu erfahren. Wenn an sich schon die Blickrichtung auf kulturelle Erscheinungen von dem weltanschaulichen Standpunkt des Betrachtenden abhängig ist, so gilt das im besonderen Maße für einen Schriftsteller, der so im Brennpunkt der Politik und Philosophie seiner Zeit stand wie Forster. Es waren die Ergebnisse der Forsterforschung stets Spiegelbilder der Klassenposition der Forscher.

Die Beurteilungen, die Forster in den beiden Jahrzehnten nach seinem Tod, also in der Zeit vom Ende der Jakobinerherrschaft bis zum Ende der Befreiungskriege fand, kennzeichnen geradezu plastisch die Widersprüche und Schichtungen im deutschen Bürgertum. Die feudal-konservativen historischen Publizisten wie Anton *Hoffmann* und Peter Adolf *Winkopp*, die beide ihre Schriften anonym erscheinen ließen, auch Bernhard Sebastian *Nau* und eine große Anzahl anonymer Verfasser von Flugschriften verurteilten Forsters Jakobinertum in Grund und Boden und stellten eine Reihe von Betrachtungen an, deren Ergebnisse von nun an bei allen Gegnern Forsters auftauchten. Die wenigen gegen Ende des 18. Jahrhunderts veröffentlichten prorevolutionären Schriften wie die von G. F. *Rebmann* und J. N. *Becker*, in denen Forster kurz, aber positiv gewürdigt wird, wenn auch nicht immer mit treffenden Argumenten, hatten eine geringe Wirkung.

Die Vertreter der Masse des deutschen Bürgertums, die nach der Jakobinerherrschaft von der praktisch-konkreten Verwirklichung der revolutionären Prinzipien erschreckt waren, rückten beträchtlich von dem revolutionären Forster ab, wie z. B. der ehemalige Freund des Hauses Forster, der Redakteur des »Revolutions-Almanachs« (1794/95) und spätere Gothaer Kriegsrat H. A. O. *Reichard*, der seinen Spott ausschüttete, und Christoph *Girtanner* in mehreren 1794/95 erschienenen Schriften. Wie weit die Verständnislosigkeit der wissenschaftlichen Häupter dieses Bürgertums gehen konnte, zeigt der Nekrolog in der Jenaischen Allgemeinen Literatur-Zeitung (Jg. 1794 Nr. 62), in dem u. a. behauptet wird, Forster sei aus einem »gründlichen, praktischen Philosophen ein spitzfindiger und größtenteils mystischer Grübler, aus einem ruhigen Beobachter ein wilder Enthusiast« geworden. Die jakobinischen Urteile verschwanden sehr bald aus der Literatur, und der humanistische bürgerliche Schriftsteller und Biograph, der spürte, daß man Forster nicht mit oberflächlicher Betrachtung nahekommen könne, schwieg – wie Friedrich *Schlichtegroll,* der 1794 seinen Forsterbeitrag für den »Nekrolog der Deutschen« vertagte – und nie schrieb, sondern anläßlich J. R. Forsters Tod nur auf die Jugendzeit des Sohnes mit einging, zu dessen Ehrung. Die Forster Nahestehenden, die sich dem Chor der Hasser hätten entgegenstellen können, waren eingeschüchtert. *Heyne* schrieb zwar am 3. Febr. 1794 an Sömmerring: »Ich ehre sein Andenken und kehre mich an keine Parteiwut, werde auch seiner bei Gelegenheit öffentlich und ehrenvoll gedenken«, veröffentlichte aber nichts derartiges. Auch auf *Lichtenberg*, der Forster immer noch verehrte, wenn auch dessen revolutionäre Tätigkeit seinen Vorstellungen von der Emanzipation des Bürgertums nicht entsprach (s. Rödel [Kap. II, 3] S. 180 f.) lastete der Druck der hannoverschen regierungsamtlichen Einstellung zur Französischen Revolution (s. Carl Haase: Obrigkeit und öffentliche Meinung in Kurhannover 1789–1803. In: Niedersächsisches Jb. für Landesgesch. 39, 1967, S. 192–294). Er schrieb über Forsters Tod an Sömmerring: »O wie gern hätte ich ihm ein paar Bogen gewidmet, wäre ich noch das kinderlose und wegen der Zukunft unbekümmerte und frei schreibende Wesen, der ich ehemals war. Jetzt muß es beim frei Denken sein Bewenden haben« (Lichtenbergs Briefe, Bd. 3, S. 159).

In der Absicht, der allgemeinen Verurteilung Forsters als entschiedenem Jakobiner entgegenzuwirken, hat *Huber* die Forsterforschung durch die Veröffentlichungen Forsterscher Texte in den »Friedenspräliminarien« (1794/95) in die Irre geleitet. In seinen Kommentaren zu Forsters Briefen und Schriften konstruierte er einen Unterschied zwischen Forsters Rechtlichkeit und lauterer Gesinnung und einer aus den Umständen zu erklärenden politischen Verirrung. Im Vorwort zum 3. Band der »Ansichten« trennte er das, was Forster schrieb, von dem, was dieser »späterhin *tat* und *litt*«. Wenn Huber auch revolutionäre Schriften Forsters unangetastet herausgab, so griff er doch – wohl gemeinsam mit Therese – in den Text der 40 von ihm veröffentlichten Briefe im Sinne des Forsterbildes ein, das er dem deutschen Bürgertum vor Augen stellen wollte und zu dem ihn familiäre, finanzielle und verlegerische Rücksichten mit bestimmten. So wurden die Briefe zur Manipulierung der politischen Ansichten und Familienverhältnisse Forsters arg verstümmelt. Huber nahm, wie Zincke erstmalig feststellte, eine doppelte Sichtung vor, eine der ganzen Briefmasse und eine jedes einzelnen Briefes, und es wurden nur jene Absätze gedruckt (vor allem bittere Äußerungen über die Pariser Zustände), die der deutschen Öffentlichkeit *das* Bild von Forsters politischen Überzeugungen vermittelte, das Huber opportun erschien, und alle jakobinischen Äußerungen und vernichtende Urteile über die Gegenrevolution ausgeschieden. Diese Absicht wird deutlich durch die Bemerkungen, die Huber der Briefanthologie vorausschickte:

Sie sollte »zu einem redenden Beweise« dienen, »daß er wohl irren, aber nie sich selbst ungetreu werden konnte; sie werden manches falsche Urteil, manches Gerücht widerlegen, das die gegen ihn erbitterte öffentliche Meinung zu voreilig aufnahm; sie werden ihn rechtfertigen und zugleich die wenigen warnen, die in ähnlichen Fällen wie er zu irren versucht sein möchten; sie werden demnach Gutes genug tun, um das Böse aufzuwiegen, was man die allzunatürliche Ungerechtigkeit gehabt hat, mehr *ihm* als dem Schicksale zuzurechnen. Was G. Forster aus der Fülle seines redlichen Herzens für ein paar Freunde niederschrieb, ehrt, vor den Augen des deutschen Publikums gelegt, sein Andenken, und verdient zugleich den weisen Schutz der Preußischen Regierung, unter welchem es bekannt gemacht wird. In dieser Zusammenstellung liegt mehr, als die vortrefflichste Apologie sagen könnte; sie hat etwas für individuelle Freiheit und öffentliche Ruhe gleich Befriedigendes [...]« (Friedenspräliminarien Bd. 4, Berlin: Voß 1794, St. 13 S. 66).

Im Sinne seiner Absicht hat Huber in die von ihm edierten Stücke wiederum redaktionell eingegriffen, so wenn er mitten in einem ausgewählten Absatz Forsters Worte »Aber die Feinde sind auch nicht imstande, den Krieg fortzusetzen«, tilgte (s. W 4, 4, 842) oder durch stilistische Umgestaltung den Inhalt verfälschte (z. B. in dem Satz: »Es scheint mir, als wäre die Gelegenheit zur allgemeinen Ausbildung der *Mehrheit* der Menschen, in unsern jetzigen monarchischen Verfassungen, beinah verschwunden«, s. W 4, 4, 883 f., heißt es bei Huber: »in den meisten Verfassungen«). Durch all dies hat Huber wissentlich vortäuschen wollen, daß Forster zuletzt ein entschiedener Gegner der Revolution gewesen sei. Seine Irreführung war um so gravierender, da sie nicht aufgedeckt werden konnte, weil die Originalbriefe nicht zugänglich waren.

Das Urteil der Weimarer Klassiker wurde dadurch bestimmt, daß sie durch Forsters Schicksal ihre Meinung bestätigt sahen, daß in Deutschland eine Revolution nicht zu verwirklichen sei. So sah *Goethe* in Forster den Bedauernswerten, der »seinen Irrtum mit dem Leben« habe bezahlen müssen, und *Schiller* griff den einst Geschätzten, den er allerdings nie persönlich kennengelernt hatte, in drei Xenien unnachsichtig hart an, indem er Forster als den vor Reue in der Hölle Rasenden und Therese als die hinstellt, die den schwächlichen Forster in die Arme der Jakobiner getrieben habe.

Am Ende der neunziger Jahre des 18. Jhs. schrieb der junge Friedrich *Schlegel,* der die Göttinger Schule Heynes besucht hatte, der ein

Schüler Winckelmanns und ein Freund Schleiermachers war, in seinen 1797 veröffentlichten Essays (s. Kap. IV) über Forster das Treffendste, was das vorwärtsgewandte, der Französischen Revolution verpflichtete Bürgertum seiner Zeit sagen konnte: Forsters Schriften vollständig analysieren, »hieße den Begriff eines in seiner Art vortrefflichen *gesellschaftlichen Schriftstellers* entwickeln«. In den Begriff des »gesellschaftlichen Schriftstellers« bezieht Schlegel sowohl den erzieherischen Charakter von Forsters Werk als auch seine Bedeutung für die geistig-sittliche Förderung der aufstrebenden bürgerlichen Gesellschaft ein. *Herder* legte 1803, als er die »zweite rechtmäßige« Auflage der »Sakontala« besorgte, ein warmes offenes Bekenntnis zu Forster ab, indem er im Vorwort schrieb: »Uns Deutschen wird G. Forsters Name eben auch mit der Sakontala in lieblichem Andenken leben.«

Die Zeit der Restauration und Demagogenverfolgung war Forsters Werk nicht günstig, da sie dessen politischen Ideen und Taten ablehnend gegenüberstand. Immerhin aber debütierte Forster 1826 in der deutschen Literaturgeschichtsschreibung: Der Straßburger Ehrenfried *Stöber*, Neffe des deutschen utopischen Sozialisten Ziegenhagen, würdigte Forster prägnant, nicht ohne sachlich zu vermerken, daß er »mit Feuer-Eifer die Sache der französischen Revolution« ergriff und in Paris im Namen der Mainzer Republikaner um die Vereinigung mit Frankreich nachsuchte. Die wichtigste Veröffentlichung dieser Zeit stammt von Forsters und Hubers Witwe, und diese beugte sich – wie schon Huber – der herrschenden Meinung. Die 1829 von Therese *Huber* herausgegebene zweibändige Ausgabe von Forsters Briefen, die von einer verzerrenden Biographie begleitet war, brachte zwar die Briefe vollständiger als die »Friedenspräliminarien«, war aber für die Forsterforschung deshalb verhängnisvoll, weil echte Vollständigkeit und Genauigkeit vorgetäuscht waren, während Therese die Briefe gekürzt, entstellt, verfälscht hatte. Die Tendenz ihrer Briefbearbeitung und ihrer (zwischendurch manch treffende Bemerkung enthaltenden) Biographie unterschied sich nicht von der Hubers: Forster sollte in einer Zeit, deren herrschende Kräfte Feinde bürgerlich-revolutionärer Bestrebungen waren, als der wenig aktive, wenig entschiedene Politiker hingestellt, seine jakobinische Haltung sollte verschleiert werden; außerdem galt es, sich selbst in ihrem ehelichen Verhalten zu rechtfertigen (anläßlich der Briefausgabe hat Therese drei Stunden lang Briefe von und an Forster, die sie nicht in fremde Hände gelangen lassen wollte, verbrannt).

Man liest z. B. in einem Pariser Brief Forsters vom November 1793 über Antoine Barnave, einem Vertreter der Großbourgeoisie: »Natürlich wird auch er den Weg alles revolutionären Fleisches gehen.« Forster schrieb aber: »Indeß wird er freilich wohl auch den Weg alles *konstituierenden* Fleisches gehen« (W 4, 4, 941 f.). Vom Kurfürsten von Mainz heißt es nach der Redaktion Thereses: »Dieser unselige Mann« (GA 9, 52); Forster schrieb aber: »Der schändliche alte Bock« und fügte Drastisches hinzu, was Therese strich. Besonders schädlich ist die Entstellung des Textes bei der Schilderung von Vorgängen. Forster beschreibt z. B., wie die gräflichen Besitzer von Grünstadt, in deren Bereich er im Februar 1793 als Beauftragter der Republik die feudale Ordnung zu beseitigen hatte, Bürger und Bauern gegen ihn und seine Revolutionssoldaten hetzten. Er führt an: »*sie* [die Grafen] *ließen* einen meiner Soldaten überfallen und verwunden«. Therese entlastet die Grafen durch das allgemeine: »einer meiner Soldaten ward überfallen und verwundet«. Forster schreibt weiter: »[ich] setzte die Grafen gefangen«, Therese machte daraus, offenbar um Forster zu entschuldigen: »[ich] gab den Grafen eine Wache« (GA 8, 331). Die Züge der Biographie Thereses trägt der Artikel »Forster« im »Neuen Rheinischen Conversations-Lexikon oder encyclopädischen Handwörterbuch für gebildete Stände«, auf dem die Artikel weiterer Lexika fußen.

Nach der Julirevolution beschäftigte Heinrich *Heine* in Paris die Frage nach den Zuständen »zur Zeit der ersten Revolution«: »Ach! unsere armen Vorgänger in Deutschland mußten für jene Revolutionssympathie sehr arg büßen«. Er fühlt sich diesen Männern geistig verbunden, besonders den Pariser Emigranten: »Auch die Dachstube habe ich jüngst gesehen, wo der Bürger Forster gestorben.« Dieser Besuch hatte paradigmatischen Charakter. Vorher war Forster durch den Gegner der bürgerlich-oppositionellen Kräfte des Vormärz, den auf nationalistische Positionen übergewechselten Wolfgang *Menzel* in dessen weit verbreiteter und viel beachteter Literaturgeschichte genannt worden. Menzel verglich Forster (»einer unserer liebenswürdigsten Geister«) mit Lafayette: »Er vergaß um der Freiheit willen das Vaterland und schloß sich den Narren und Bösewichtern an, die auf das Kommando eines französischen Generals eine französische Filialrepublik am Rhein errichteten. Doch bald war er seines Irrtums inne und starb.« Es ist bemerkenswert, daß aus dem Kreis des »Jungen Deutschland«, deren Vertreter sich bemühten, historische Stoffe mit den aktuellen Problemen ihrer Zeit zu verbinden, Forster nicht als Thema entdeckt wurde.

Im Vormärz begann eine neue, sich über die Revolution von 1848/49 hinaus erstreckende Periode einer realistischeren Einstellung zu Forster, die durch das Wirken liberaler Historiker und Literaten gekennzeichnet ist. Auftakt und Höhepunkt war die von Forsters Tochter Therese, die ihren Vater mit großem sachlichen Verständnis gegenüberstand, und dem gemäßigt liberalen Historiker *Gervinus,* dem entschiedensten der »Göttinger Sieben«, 1843 herausgegebene Ausgabe der Werke Forsters (s. Kap. I, 1a). Freilich brachte diese Ausgabe nur wenige politische Schriften Forsters: Die Herausgeber hatten sich vergebens bemüht, weitere Reden und Schriften Forsters aus der Zeit seiner politischen Aktionen aufzufinden, und der Briefwechsel Forsters ist in der entstellten Form dargeboten, die ihm Therese Huber gegeben hatte. Immerhin standen wesentliche Werke Forsters (erstmalig die »Darstellung der Revolution in Mainz«) handlich zur Verfügung, und ihre Wirkung vergrößerte eine mit suggestiver Begeisterung von Gervinus verfaßte Charakteristik Forsters.

»Als Schüler Schlossers knüpfte Gervinus an die besten Traditionen der Aufklärung an und vertrat gegenüber der reaktionären Geschichtsauffassung der romantischen historischen Schule den progressiven Gedanken eines gesetzmäßigen Verlaufs der historischen Entwicklung. Ein solcher Gedanke verlangte nach der politischen Tat, die dem Sinn der Geschichte entsprechend die Gegenwart gestaltete [...] Sein leidenschaftliches Bekenntnis zu Forster war eine Nutzanwendung historischer Erfahrungen für den politischen Kampf seiner Zeit [...] Mit Forster verteidigte Gervinus die historische Bedeutung der Französischen Revolution für die zivilisierte Welt; mit der Französischen Revolution verteidigte er Forster, dem es um den Menschheitszweck der Perfektibilität Ernst war und den darum kein Vorwurf treffen durfte, wenn er sich angesichts der Jämmerlichkeit der deutschen Zustände für Frankreich entschied.« (*Scheel,* Das Bild S. 27.)

Folgerichtig wies Gervinus z. B. auf die »Parisischen Umrisse« hin als »eine Schrift voll bittern Spottes auf die gemeinen Beurteiler der Revolution in Deutschland, voll grober Pillen gegen die Kabinettsweisheit, die politischen Weissager der Höfe und die Politik der Emigrierten, voll höhnischer und drohender Prophetie über den Ausgang des Kampfes, den man provoziert hatte; jener Schrift, die Forstern die heftigsten Feinde machen mußte, weil diese Weissagungen leider eintrafen, weil diese Sicherheit des Urteils bewies, daß der Verirrtgeglaubte recht hatte, indem er die Weisedünkligen der Blödheit überführte« (GA 7, 70). Eine Kritik an dem Forsterbild der Gervinus-Charakteristik bringt Scheel:

»Abgesehen von der idealistischen Grundposition, die ihn ohnehin nicht die wirklichen Kriterien einer objektiven Geschichtsschreibung erkennen ließ, hinderte ihn auch sein politischer Standort an einem kongenialen Erfassen der Forsterschen Leistung. Gervinus war in den vierziger Jahren ein kleindeutsch orientierter, gemäßigter bürgerlicher Liberaler, der den Fortschritt durch Reformen von oben anstrebte und sich von der revolutionären Demokratie entschieden abgrenzte.« Der spezifischen und wesentlichen Leistung Forsters sei Gervinus nicht gerecht geworden. »Nicht der aktive bürgerlich-demokratische Revolutionär, sondern der ganz allgemein als bürgerlicher Politiker aufgefaßte Forster ist das Vorbild, das Gervinus gebrauchen konnte« (Scheel, Das Bild S. 26).

Zwei Jahre später zeichnet Friedrich *Engels* mit wenigen Strichen ein treffendes Bild des Politikers Forster. Er rechnet ihn zu den großen deutschen Patrioten, die »für Realitäten fochten, nicht für Illusionen«, und bezeichnet ihn als den »deutschen Thomas Paine, der die Französische Revolution in Paris bis zuletzt unterstützte, gegen alle seine Landsleute«. 1847 bereichert A. von *Humboldt* das Bild des Wissenschaftlers, indem er im 2. Band seines »Kosmos« seinem Lehrer ein Denkmal setzt (s. Kap. IV). Im gleichen Jahr erschienen gleich drei Forsterstudien aus dem liberalen Lager, die sämtlich von Gervinus inspiriert sind. Das war erstens der Artikel »Forster« in *Ersch* und *Grubers* »Allgemeiner Encyklopädie der Wissenschaften und Künste«, wohl aus der Feder des Hallenser Philosophen Johann Gottfried Gruber, der einst von Wieland zu seinem Biographen bestimmt wurde und maßgeblich an der Vereinigung der Universitäten Wittenberg und Halle beteiligt war. Er betont den hohen Wert der »Ansichten« (»sie sichern ihm einen ehrenvollen Platz unter unseren klassischen Schriftstellern«), ist aber hinsichtlich Forsters Pariser Zeit stark von Hubers Manipulationen beeinflußt. Zweitens veröffentlicht Heinrich *Koenig* 1847 seinen viel gelesenen dreibändigen Roman »Die Clubisten in Mainz«.

Koenig war wegen seiner scharfen Angriffe gegen das hierarchische Wesen des Katholizismus exkommuniziert worden, 1832/33 Mitglied des kurhessischen Landtags gewesen (im März 1848 wurde er es zum zweiten Male) und schrieb seinen Roman auf der Grundlage seiner Erfahrungen mit der politischen und klerikalen Reaktion. In ihm werden Forster und Blau zwar als die Vertreter des fortschrittlichen Bürgertums dargestellt, aber Koenigs politische Linie vertritt darin Lennig, aus dem der Autor »einen deutschgesinnten, von Moser begeisterten Reichspatrioten« macht, »der die neuen Ideen der besseren Klubisten mit dem wertvollen Alten zu verbinden bestrebt ist.« (Scheel, Das Bild S. 29).

Die 48er Liberalen, die die nationale Einheit als historische Aufgabe sahen, war schon von daher der Zugang zu Forster erschwert. »Der Bourgeois-Liberalismus der vierziger Jahre konnte die Mainzer Republik für seine Zwecke nur noch beschwören, wenn er sie zugleich nach rückwärts verbog« (Scheel, ebd. S. 30). Die dritte Forsterdarstellung des Jahres vor der Revolution bot Wilhelm *Stricker* ganz im Geiste von Gervinus in Eduard Dullers, des Verfassers belletristischer und historischer Arbeiten, eines Freundes von Gutzkow und Freiligrath, Essaysammlung »Die Männer des Volks«.

Nach der Niederlage der Revolution bleibt immer noch das Bedürfnis bestehen, sich mit Forster zu beschäftigen. Ferdinand Gustav *Kühne,* einst entschiedener und mutiger Anhänger des »Jungen Deutschland«, verfaßte einen recht zwiespältigen Forsteressay, der zu Beginn eine Absage an »die Republik des Westens« enthält (S. 124) und mit den Worten schließt: »Mirabeau war in Frankreich der letzte Held eines geordneten Königtums« (S. 160). Forster sei zum Verräter an Deutschland geworden; Kühne will dessen Tat nicht entschuldigen, sondern durch die Darstellung des Werdegangs Forsters erklären. Zunehmend spiegelte sich die Resignation der Liberalen und die Tatsache, daß die Bourgeoisie ein Bündnis mit den feudalbürokratischen und militaristischen Kräften suchte, in den nunmehr entstehenden Forsterdarstellungen wider. *Koenig* übertrug in seiner zweibändigen mehr belletristischen, auf geringer Quellenkenntnis beruhenden Forster-Monographie 1852 seine Enttäuschung über die gescheiterte Revolution auf Forster, indem er betonte, dieser sei von seinen revolutionären Illusionen völlig enttäuscht gewesen. Aber immerhin wollten Kühne und Koenig auf des Mannes Bedeutung hinweisen, den Kühne 1852 bei einem Vorabdruck aus Koenigs Roman als »einen großen Patrioten, einen starkmütigen Freiheitsmann« bezeichnete. Die Wandlung der gemäßtigten Liberalen zeigt sich besonders deutlich bei Ludwig *Häusser,* der allerdings schon in der 2. Badischen Kammer 1848/50 die revolutionären Demokraten bekämpft hatte. In seiner berühmten »Deutschen Geschichte vom Tode Friedrichs des Großen bis zur Gründung des Deutschen Bundes« bedauert er, »daß ein Kopf und ein Charakter, wie der Georg Forsters, keine bessere Stelle in der Geschichte jener Zeiten gefunden hat, als die tragische Rolle, die ihm in der widrigen Episode des Mainzer Jakobinertums zufiel«.

Einen neuen Schwung brachte der Physiologe Jacob *Moleschott* in die Auseinandersetzungen über das Forsterbild. Bei ihm stellt sich die Anknüpfung an 1848 wieder direkt her. Er berichtet in seinen Lebenserinnerungen, welche Begeisterung »das großartige Ereignis der Französischen Umwälzung« von 1848 bei ihm und seinen Freunden erweckte.

»Die Zerstreuung, welche die Weltbewegung hervorrief, war eine übermächtige. Es gehörte alle Anstrengung dazu, wissenschaftlich gesammelt zu bleiben. Ich konnte längere Zeit meinen *Goethe* nicht genießen; nur bei Georg *Forster* fand ich Trost und Erbauung, und ich kann es Gervinus nicht Dank genug wissen, daß er dem deutschen Volke die Augen für diesen Weltgesandten der Bildung und Freiheit geöffnet hat. Mir persönlich ist *Forster* ein Schatz geworden, den ich der Februarumwälzung verdanke, denn sehr bald wurde er mir nicht bloß ein Hort der Erbauung, sondern ein Gegenstand des Studiums.«

Dessen Frucht: 1854 erschien Moleschotts Buch »Georg Forster, der Naturforscher des Volks«. Moleschott befaßte sich eingehender mit der Philosophie Forsters und mit den Beziehungen der naturwissenschaftlichen Erkenntnisse Forsters zu dessen Ideen, und zwar vom Standpunkt seines Vulgärmaterialismus aus. So wichtig es ist, überhaupt einmal auf Forsters materialistische Gedanken hingewiesen zu haben, ist Moleschotts Darstellung deshalb wenig überzeugend, weil er die bedeutsame weltanschauliche *Entwicklung* Forsters nicht im Geringsten berücksichtigt. In der politischen Einschätzung Forsters stellte er sich auf den Standpunkt Gervinus' und gegen Koenig, der 1858 in der 2. »sehr verbesserten« Auflage seines Forsterbuchs noch weiter von dem Jakobiner abrückte. Den Standpunkt der Großbourgeoisie vertrat 1862 in bezug auf Forster der Geschichtsschreiber Clemens Theodor *Perthes.* Seine Interpretation ist »eine in die Vergangenheit projizierte Untauglichkeitserklärung des Bürgertums zur politischen Machtausübung und der Versuch, die auf diese Weise im Kern verborgenen bürgerlichen Traditionen für das konservative Preußentum nutzbar zu machen« (Scheel, Das Bild S. 32).

Ende der fünfziger/Anfang der sechziger Jahre publizierten zwei Literaturwissenschaftler, beide als Republikaner in der Schweiz wirkend, ihre liberal-demokratische Einstellung bewahrend, Forstercharakteristiken, die denen der »Schreibknechte der Rückwärtserei« und »Wendehälse der liberalen Zweiächselei« (Johannes Scherr im Vorwort seiner Allgemeinen Geschichte der Literatur. 7. Aufl. 1. Bd. Stuttgart 1887) entgegenwirken sollten. Johannes *Scherr*, auch politischer Lyriker und satirischer Epiker, 1848 Führer der demokratischen Partei in der württembergischen Abgeordnetenkammer, der nach deren Auflösung in die Schweiz geflohen war und 1860 Professor für Geschichte und Literatur in Zürich wurde, schrieb in seiner Schillerbiographie:

»Forster war aber auch einer der wenigen, der sehr wenigen Deutschen, welche die Idee der Revolution erkannten, welche erkannten, daß es sich hier nicht um etwas willkürlich Gemachtes, sondern um eine weltgeschichtliche Notwendigkeit handle, nicht bloß um eine politische Rebellion, sondern vielmehr um eine soziale Umwälzung, und noch auf dem Pariser Schmerzenslager [...] hielt er, unbeirrt von den Greueln des Terrorismus, standhaft den Glauben an diese Idee fest. Von solcher äußersten Konsequenz waren andere Deutsche in ihrem Verhalten zur französischen Revolution weit entfernt.« (Schiller und seine Zeit. III Leipzig 1859, 2. Aufl. 1860. S. 37). Diese Einschätzung Forsters bestätigt Scherrs eben erwähntes Literaturgeschichtswerk [2. Bd. S. 229 f.], das eine starke ausländische Resonanz hatte.

Heinrich *Kurz*, 1832 wegen des von ihm herausgegebenen oppositionellen Blattes »Die Zeit« zu zweijähriger Festungsstrafe verurteilt, seit 1834 in der Schweiz als Literaturhistoriker und Bibliothekar tätig, würdigte Forster in seiner »Geschichte der deutschen Literatur« als großartigen Schriftsteller und aufrechten Politiker. Forsters Erwiderung auf Burkes berüchtigte Schrift gegen die Französische Revolution zeichne sich durch Klarheit und Schärfe aus: »[...] er faßt darin die Verhältnisse mit dem Blicke eines Staatsmanns und mit so überzeugender Wahrheit auf, daß man sich billig wundern muß, wie man ihn so falsch beurteilen konnte«. Wahrhaft großartig verbinde der Aufsatz »Ueber die Staatskunst« »die erhabensten Ideen mit sicherem praktischen Geiste« und lasse den Unterschied zwischen echter Begeisterung für die Freiheit und gehaltloser Schwärmerei klar hervortreten.

Forster habe »eine Richtigkeit des Blicks erworben, die ihn im Leben wie in seinen schriftstellerischen Arbeiten vor beinahe allen deutschen Gelehrten seiner Zeit auszeichnet; durch seinen tief praktischen Sinn von dem hohlen Philosophieren abgestoßen, erkannte er schon früh, daß im Volk eine Lebensfähigkeit sei, welche die höheren Stände längst verloren hatten [...] Diese hohe Meinung, die er von der Lebenskraft und Entwickelungsfähigkeit des Volkes oder wenn man lieber will, der Menschheit, hatte, die Erkenntnis der heillosen Zustände in Deutschland, mußten ihn zu republikanischen Gesinnungen führen, die freilich bei seinem praktischen Sinn nie in hohle Schwärmereien ausarteten wie bei den Deutschen seiner Zeit und leider auch unsrer Tage.« Leider sei Forster trotz F. Schlegels und Gervinus' Bemühungen im Ganzen ziemlich unbekannt geblieben, und auch die Ausgabe seiner sämtlichen Schriften habe ihm keinen größeren Leserkreis verschafft. »Wir halten dies für ein wahres Unglück, weil wir überzeugt sind, daß nebst Justus Möser kein andrer deutscher Schriftsteller so geeignet ist, echte Bildung, namentlich politische, zu verbreiten, und insbesondre den praktischen Sinn zu wecken, der den Deutschen noch so sehr mangelt und ohne den alle Bildung unfruchtbar, jede Volkserhebung erfolglos bleibt.«

Im Jahre 1870 beschäftigte sich der einstige Verteidiger der materialistischen Lehre Feuerbachs und Freund und Gesinnungsgenosse Moleschotts, der Literatur- und Kunsthistoriker Hermann *Hettner*, mit Forster. Bereits 1850 hatte er in seiner »Romantischen Schule« Forsters Ästhetik hervorgehoben als über den Einseitigkeiten der Naturalisten und Idealisten stehend. In seinen »Ansichten« wiederhole er immer wieder, daß zwar niemals Stoff ohne Form, aber ebensowenig Form ohne Stoff ein vollendetes Kunstwerk hervorbringen könne. Fast unvermittelt steht innerhalb der ästhetischen Erörterungen der Hettners Erfahrungen von 1848/49 entspringende Satz: Forster sei »der einzige Mann der Tat in einem tatfaulen Volke« gewesen. Nun nahm Hettner sich in seiner »Geschichte der deutschen

Literatur im 18. Jahrhundert« des damals vielgeschmähten Jakobiners an. Man spürt in Hettners Darstellung die progressiven Phasen seiner Entwicklung nachklingen und sein Streben nach einer historisch bestimmten Interpretation der Literatur, aber auch seine jetzige politische Einstellung. Er bemühte sich, alle positiven Leistungen Forsters als eines »klassischen Schriftstellers von seltener Wissensfülle und Formvollendung« herauszuarbeiten. Hettner hebt Forster einsichtig als Reise- und Kunstschriftsteller sowie als Übersetzer hervor und betont, daß in ihm »die neuere Naturwissenschaft [...] einen ihrer genialsten Bahnbrecher« sehe. Die physiologischen Lehren Forsters mit erweiterten Mitteln auszubauen, sei »eben jetzt« die Wissenschaft eifrig bemüht. Von seinem »nationalliberalen« Standpunkt aus (während Gervinus die skrupellose Machtpolitik Bismarcks erbittert bekämpft, ist Hettner ein Befürworter der Einheit Deutschlands unter Preußens Führung) hält er Forsters Aktivität zur Zeit der Mainzer Republik für eine »Schuld«, die sich schwer rächte; aber er gibt zu, daß Forster in Paris »das Banner des unverbrüchlichen Menschheitsideals aufrecht erhält. Er leugnet nicht die Greuel und Schrecken der Revolution, aber er betrachtet sie als vorübergehenden Naturprozeß«. Am Schluß klagt Hettner: »Die meisten Zeitgenossen urteilen sehr hart über Forster. Zeiten der Reaktion habe ihre Freude daran, die wehrlosen Opfer zu schmähen und zu höhnen.«

Als Hettner diese Zeilen schrieb, hatte die Hetze der Kreise bereits eingesetzt, die der deutschnationale Konservatismus gegen Forster aufbot. Der Prototyp dieser Richtung war Karl *Klein,* ein Mainzer Lokalhistoriker, der die »Geschichte von Mainz während der ersten französischen Occupation 1792–1793« geschrieben hatte. Als Moleschott 1862 bei der Einweihung eines Mainzer Schillerdenkmals eine Rede hielt, in der er die schon 1854 vorgebrachte Anregung, Forster ein Denkmal zu setzen, wiederholte, brachte das Klein auf den Plan, der seine Stadt vor solcher Schmach bewahren wollte. Die Beschimpfungen, Entstellungen, Verdächtigungen und Unrichtigkeiten, die sich Klein in mehreren Aufsätzen und dem Buch »Georg Forster in Mainz 1788 bis 1793« leistete, um Forster als schäbigen Volksfeind und Vaterlandsverräter zu kennzeichnen, waren um so gefährlicher, als er reiches, unveröffentlichtes Archivmaterial brachte, z. B. auch zum ersten Mal wieder Revolutionsreden und -artikel Forsters abdruckte, die in der Gervinusausgabe fehlen. Die konservative Grundauffassung teilte der Mainzer Landgerichtsdirektor Karl Georg *Bockenheimer* mit Klein, dessen Schmähschrift gegen Forster er verurteilte. Er veröffentlichte zwischen 1868 und 1896 drei Schriften zur Stadtgeschichte, die sich ausführlicher mit

Forster befassen, von denen die zweite gegen den Beschluß der Mainzer Stadtverordneten, eine Straße nach Forster zu nennen, gerichtet ist. Diese Schrift verhinderte nicht das »Verhängnis« – man ehrte den berühmten Mainzer sogar mit einer Straße und einem Platz –, spielte aber 1929 wieder eine Rolle, als man Forsterstraße und -platz in Stresemannstraße und -platz umbenennen wollte, wogegen die sozialdemokratische »Mainzer Volkszeitung« (15. Okt. 1929) protestierte. Erst 1934 wurde Forsters Name aus dem Stadtplan getilgt. In seiner 3. Schrift bemühte sich Bockenheimer um ein gerechteres Bild Forsters und der Klubisten. Es sei in dieser Übersicht nicht auf die Nachfolger Kleins eingegangen, die nichts Bedeutendes zur Forsterforschung beitrugen.

Auf die beiden Literaturhistoriker, die sich im Zeichen des Positivismus am Ende des 19. und Anfang des 20. Jhs. Verdienste um die Forsteredition erwarben, *Leitzmann* und *Zincke,* wurde schon im Kapitel I hingewiesen. Nachdem Leitzmann seine Jenaer Antrittsvorlesung (vom 27. Apr. 1891) über »Georg Forster, ein Bild aus dem Geistesleben des achtzehnten Jahrhunderts« veröffentlicht hatte, beabsichtigte er »eine vorurteilsfreie, den Mann allseitig in seiner Bedeutsamkeit behandelnde Biographie dereinst öffentlich vorzulegen«. (Zit. nach Steiner: Die editorische Arbeit ..., s. S. 7, S. 169.) Er wollte bereinigen, was »durch Karl Kleins historisch sein wollende, in Wahrheit aber durchaus tendenziöse Darstellung im chauvinistischen Sinne aufs schmerzlichste verzerrt« war, konnte aber von seiner Warte aus gerade die Probleme der »letzten Wendungen« in Forsters Leben nicht lösen (vermutlich konnte er nicht aufrechthalten, daß Forster in Paris seine Irrtümer bereut habe) und ließ die Biographie liegen. Die Forsterforschung verdankt ihm neben den guten Editionen manche Aufdeckung ideengeschichtlicher Zusammenhänge. Zincke wiederum verstrickte sich immer mehr in die These, Forster habe sich, im eigenen Hause vereinsamt, in die Arme der Politik geworfen und in den Strudel der politischen Umwälzung gestürzt. Daß ihn diese verschlungen, seine bürgerliche Stellung, seinen Schriftstellerruhm und seine Ehre vernichtet und ihn ins tiefste Elend gebracht habe, daß er ganz zum willigen Werkzeug der Franzosen geworden sei, dem »Erbfeind« in Mainz und Paris deutsches Land angetragen habe, dies alles sei »zum guten Teil Theresens Schuld gewesen«. Obwohl Zincke die reaktionären Forsterdarstellungen bekämpfte, verdunkelten ihm das mangelnde Verständnis für das Wesen der Revolution und eine deutschnationale Einstellung den Weg zu Forster. So konnte er, obwohl er durch seine Briefuntersuchungen (er war nahe an einer kritischen Gesamtausgabe der Forsterbriefe) gute Forstertexte zur Verfügung hatte, weder zu klaren

Urteilen über die Forsterliteratur in seiner letzten Schrift, noch überhaupt zur Lösung der Forsterprobleme, noch zu der auch von ihm angesteuerten Biographie kommen. Er hatte um 1930 ein Manuskript »Georg Forsters Schriften zur Tagespolitik« fertiggestellt, fand aber für dessen Veröffentlichung bis zum zweiten Weltkrieg keinen Geldgeber. Das Manuskript ist verschollen, nur die handschriftlichen Einleitungen zu den einzelnen Abschnitten des Buches und die Korrekturfahnen des Titelblattes und Vorworts konnten aufgefunden werden. Mit Zincke wollte an der Briefausgabe der Anthropologe Richard N. *Wegner* (damals Frankfurt a. M.) zusammenarbeiten, der den bemerkenswerten Plan verfolgte, eine große Ausstellung über Forsters Leben, Werk und Freundes- und Bekanntenkreis aus eigenen Beständen und durch Leihgaben zusammenzubringen. Doch alles zerschlug sich 1933. Negative Einflüsse Zinckes auf das Forsterbild zu Beginn des 20. Jahrhunderts sind u. a. an dem »Urteil über Georg Forster« von Ernst *Götz* zu erkennen (»Wir sehen in Forster einen ehrgeizigen, unselbständigen und kranken Menschen...«) und an einer abfälligen Besprechung des Historikers Ludwig *Bergsträßer* (im Reichstag ab 1925 als Demokrat, ab 1930 als Sozialdemokrat). Er zieht aus Zinckes Veröffentlichungen (G. Forster nach seinen Originalbriefen und Briefe an Voß) den Schluß, soviel Arbeit an Forsters Briefen sei »wissenschaftlicher Stumpfsinn«, »Diebstahl« an der Zeit des Lesers; man solle »uns mit derartigem Plunder und Kleinkram« nicht »behelligen«.

Unbelastet von deutsch-nationalen Vorstellungen kam zu Beginn des 20. Jhs. der französische Historiker Arthur *Chuquet* der Wahrheit über Forsters politischer Tätigkeit recht nahe, obwohl ihm nicht viel gute Forstertexte zur Verfügung standen. In seinem Buch »Le Révolutionaire George Forster« wird Forster in seiner Entwicklung zum Revolutionär und in seinen Beziehungen zu Frankreich mit bewundernswertem Einfühlungsvermögen dargestellt.

Der bedeutsamste Beitrag, den die Weimarer Zeit zu Forster lieferte, stammt von Kurt *Kersten* (er hatte sich bereits 1915 in einer Rezension mit Forster beschäftigt), »der sich damals unter dem Eindruck der Novemberrevolution und der folgenden Klassenkämpfe eng an die revolutionäre Arbeiterbewegung anlehnt« (Scheel, Das Bild S. 49). Kersten kennzeichnet Forster nicht als das bedauernswerte Opfer der Revolution, sondern als deren Träger und verteidigt seine radikalen Maßnahmen gegen die konterrevolutionären Erscheinungen. Diese Befunde prägen noch 1938 Kerstens Forsteraufsatz in der Moskauer Zeitschrift »Das Wort«. Später rückt Kersten aber von der revolutionären Arbeiterbewegung und auch von seinem Forsterbild ab.

Außer Kerstens Schriften, Zinckes Buch und Leitzmanns wenig Neues bietende Übersicht »Georg und Therese Forster und die Brüder Humboldt« und einigen der Entwicklung eines wissenschaftlichen Forsterbildes entgegenwirkenden erzählenden Darstellungen wie der wiederholt aufgelegte Forster-Roman »Das Labyrinth« von Ina *Seidel* (1922), die Forster als den seiner Frau hörigen und von ihr in die Revolution hineingetriebenen Schwächling zeigt, und dem aus Brief- und Tagebuchzitaten bestehenden Bericht des Verlegers Wilhelm *Langewiesche* sind zwischen dem ersten Weltkrieg und dem Ende des zweiten nur eine kurze Skizze der Sozialdemokratin Anna *Siemsen*, eine Studie von Ada *Schulz*, die in Forster einen Vorläufer der Romantik sieht und dessen »Naturverbundenheit« in den Mittelpunkt stellt, und eine Auswahlausgabe erschienen. Siemsen konzentriert sich auf Forsters politische Ansichten, tut ihm, den sie als einen der seltenen wirklich politischen Köpfe neben Seume stellt, aber zuviel Ehre an, wenn sie meint, die Mainzer »einzige republikanische Episode würde nur eine der vielen politischen Burlesken sein« (S. 120), wenn nicht das Schicksal Forsters damit verknüpft wäre. Die Verquickung von Falschem mit Richtigem in Siemsens Darstellung zeigt, wieviel in bezug auf Forster noch zu leisten ist. Befriedigender ist die einbändige Auswahlausgabe Rudolf *Leonhards*, eines Teilnehmers der Revolution 1918/19 und Autors der »Weltbühne«. Seine Zusammenstellung ist davon geprägt, daß sie »nicht nur Erfüllung einer Dankespflicht gegenüber einem der reinsten Charaktere und der größten Talente der deutschen Geschichte, sondern auch die Stillung eines uns Heutigen fühlbaren Bedürfnisses bedeutet« (S. 16). Für die deutsche Wissenschaft bestand dieses Bedürfnis nicht. Anderthalb Jahrhunderte nach Forsters Tod hatte er noch nicht den rechten Platz in der Literaturgeschichte, der Geschichte der Naturwissenschaften, der Geschichte der Philosophie, der Künste und der Politik erhalten. Die Diskriminierung Forsters in der Nazizeit setzte mit *Bause* ein, der Forster als einen, der »Hochverrat am deutschen Volke begangen« hat und einen »im Grunde haltlosen Charakter« besaß, abstempelte.

Scheel betont in seinem Aufsatz über »Das Bild der Mainzer Republik« (S. 42), daß die Befreiung vom Faschismus Bedingungen schuf, »unter denen eine historische Besinnung auf progressive Leistungen der deutschen Geschichte öffentlich möglich und vor allem auch dringend geboten war«. Dabei sei die Mainzer Republik hauptsächlich im Rahmen der Forsterforschung behandelt worden, was im Hinblick auf Forsters Persönlichkeit verständlich sei und ebenso für den Westen wie für den Osten gelte. »Was Ost und West jedoch bei einer ersten Musterung der Forschungsergebnisse nach 1945 wesentlich unterscheidet, ist die Intensität, mit der sich die Geschichtsschreibung hüben und drüben diesem Gegenstand gewidmet hat.« Der Grund dafür liegt in den total verschiedenen gesellschaftlichen Entwicklungen in der Bundesrepublik Deutschland und in der Deutschen Demokratischen Republik.

Nachdem 1948 in Berlin eine zweibändige Auswahl von Forsterschen Schriften unter dem ominösen Titel »Mensch und Staat« herausgekommen war, die keine einzige Schrift des Mainzer Klubisten enthielt und dessen Vorwort zum Widerspruch herausforderte, erschien in der DDR ein Forsterlesebuch. »Eine Pionierleistung in doppelter Hinsicht war der von *Steiner* und *Häckel* 1952 in der Reihe ›Lesebücher für unsere Zeit‹ herausgebrachte Forsterband. Zum ersten stellten die Autoren in der ausführlichen Einleitung wie in den mitgeteilten Selbstzeugnissen den Gesellschaftskritiker und Revolutionär in den Mittelpunkt; zum anderen eignete sich der Weg über das Lesebuch vortrefflich, Forsters Gedankenreichtum im besten Sinne des Wortes ins Volk zu tragen und Forster zum lebendigen Besitz der Werktätigen zu machen« (Scheel, Das Bild S. 47). Der Zusammenhang dieser Publikation mit der historisch-kritischen Forsterausgabe der Akademie der Wissenschaften der DDR wurde im Kap. I, 1b (S. 3) dargestellt. Während in den folgenden Jahren in der DDR u. a. Forsterromane von Hans-Jürgen *Geerdts*, Friedrich *Döppe* und Helmuth *Miethke* und populärwissenschaftliche Biographien von Friedrich M. *Thoma* und Helmuth *Miethke* erschienen, legten Wissenschaftler der DDR Untersuchungen über verschiedene Probleme der Forsterforschung vor. Es sei auf die zu den einzelnen Abschnitten von Kapitel II genannte Sekundärliteratur von Geerdts, Lange, Rödel, Scheel, Schulz-Falkenthal, Steiner und Träger und auf die Mitarbeiter der AA-Ausgabe verwiesen. In der marxistischen Forsterforschung wirkten Historiker, Germanisten, Philosophen und Gesellschaftswissenschaftler erfolgreich zusammen.

In der BRD nahm sich zunächst nur ein einziger Forsters an, Heinrich *Reintjes*, der 1953 eine marxistische Forsterdarstellung herausgab, die er sinnvoll durch Auszüge und Anhänge aus Forsters Briefen und Schriften untermauerte (s. Kap I, 4b), und weiterhin in Rezensionen und vier Aufsätzen zur Kenntnis Forsters und seiner Beziehungen zu Zeitgenossen beitrug. Die Erinnerung an Forster war um so notwendiger, als z. B. in Mainz die in Horst-Wessel-Straße umbenannte Forsterstraße wieder ihren alten Namen erhielt, aber – wie das Straßen- und Einwohnerverzeichnis ausweist – nicht nach Georg, sondern nach J. R. Forster, der nie etwas mit Mainz zu tun hatte.

Dann erschien über Forster nichts Bemerkenswertes, bis 1965 Ludwig *Uhlig* mit seinem Forsterbuch eine tiefgründige, solide, die gesamte bisherige Forsterliteratur berücksichtigende Darstellung der Forsterschen Gedankenwelt aus der Sicht der bürgerlichen Literatur- und Geistesgeschichte gab (s. Kap. I, 4b). Des weiteren haben die von Walter Grab geschriebenen und angeregten progressiven Studien zum Jakobinismus, vor allem auch die von ihm herausgegebene Reihe »Deutsche revolutionäre Demokraten« (J. B. Metzler) zur Erhellung des Umkreises um Forster beigetragen, ebenso in jüngster Zeit die von G. Mattenklott und Klaus R. Scherpe herausgegebene Reihe »Literatur im historischen Prozeß« (besonders Bd. 3/1 u. 4/1, 4/2. Kronberg/Ts. 1974 u. 1975). Von den neuesten Arbeiten aus der BRD sollten neben den in den Kapiteln I und II genannten Schriften von Wuthenow, Schirok, Krüger, Peitsch und Japp der Artikel von *Lepenies* genannt werden, der den wissenschaftspolitischen Charakter der Anthropologie Forsters deutlich zu machen sucht und zeigt, mit welcher Intensität Problemstellungen der »klassischen Epoche« der Anthropologie sich mit den heutigen Fragestellungen berühren.

Das Ausland nimmt in den fünfziger Jahren zunächst recht bescheiden von Forster Notiz. Voran geht Ungarn mit einem Forsterlesebuch von László *Bodi*, der auch in Australien den Bann bricht. Dort beschäftigte sich im letzten Jahrzehnt *Hoare* mit der Forsterschen Familie. Von Wissenschaftlern aus den USA kommen nach den bereits genannten Arbeiten des leider früh verstorbenen Germanisten *Kahn* im Rahmen der Akademieausgabe und einigen Arbeiten im Umkreis Forsters erst in den siebziger Jahren – im wesentlichen angeregt und unterstützt durch die DDR-Forschung – die Monographie, mit der *Saine* (s. Kap. I, 4b) Forster in der englischsprachigen Welt bekannt machen will, und die materialreiche Untersuchung des Historikers *Gordon* über Forsters und seines Vaters Englandaufenthalt (s. Kap. II, 2) heraus. Sonst ist nur noch die italienische Dissertation von *Muscetta* (s. Kap. II, 8) erwähnenswert. In der Sowjetunion hat die Würdigung Forsters eine von den russischen revolutionären Demokraten herkommende Tradition. A. I. *Herzen* hatte in seinen Notizen zu Forsters Briefwechsel hervorgehoben: »Seine bewundernswerte Natur, sein vielseitiger Humanismus, sein flammendes Streben nach praktischer Tätigkeit, seine Energie unterscheiden ihn scharf von den Deutschen jener Zeit.« N. G. *Tschernyschewski* hatte in seiner 1863 in der Peter-Pauls-Festung geschriebenen fragmentarischen »Erzählung in der Erzählung« (Powesti w Powesti) Forster mit Lessing allegorisch zu einer Person vereint und wohl auch der Hauptfigur seines zur revolutionären Umgestaltung der russischen Gesellschaft aufrufenden Romans »Tschto delat?« (Was tun?, 1863, dt. 1883, 1954) Forstersche Züge verliehen. Nachdem bereits 1939 *Anisimova* über Forster gearbeitet hatte, wurde mit den fünfziger Jahren die marxistische Forsterforschung in der Sowjetunion vor allem durch fünf markante Arbeiten der Historikerin *Moškovskaja* (s. Kap. I, 4b und II, 8) gefördert, aber auch durch die Ausgabe »Deutsche Demokraten des 18. Jahrhunderts« des Germanisten Širmunski mit einer Einleitung des Herausgebers, die Studien von *Slobodkin* und *Prokaev* und die Untersuchungen über den deutschen Materialismus am Ausgang des 18. Jhs. des Philosophen *Gulyga*. Im ganzen ist festzustellen, daß allenthalben der historische und dialektische Materialismus sich in der Forsterforschung durchgesetzt hat. Das beweist wieder das letzte bedeutende Werk, das Forster allseitig und tiefgehend analysiert. Es kommt aus Frankreich und hat Marita *Gilli* zur Verfasserin (s. Kap. II, 4b).

Die bisherige Forsterforschung, besonders die der letzten Jahre, bietet ein reiches Material dar, das es zunächst einmal aufzuarbeiten und zu diskutieren gilt. Vor allem auf den guten Grundlagen der Untersuchungen zu Forsters philosophischer und politischer Entwickrlung ist weiterzubauen. Noch stärker als bisher sollte die Forschung auf die naturwissenschaftlichen Ansichten und Erkenntnisse Forsters im weitesten Sinne orientiert sein und die Zusammenhänge dieser Erkenntnisse sowohl im Rahmen des naturwissenschaftlichen Standes seiner Zeit als auch im Zusammenhang mit seinen philosophischen und gesellschaftlich-politischen Gedanken behandeln. Eine zusammenfassende Übersicht und Darstellung der auf zahlreiche Museen verteilten völkerkundlichen Gegenstände, die beide Forster von der Weltreise mitbrachten, ist wünschenswert und wäre mit beider völkerkundlichen Darlegung zu konfrontieren. Einzelne Partien des Lebens und Wirkens Forsters sind noch nicht genügend aufgehellt, z. B. die Kasseler Jahre (sollte der bisher nur lückenhaft veröffentlichte Briefwechsel mit Sömmerring aufgefunden werden, könnten daraus genauere Einblicke in Forsters Rosenkreuzerepisode gewonnen werden) und die in Frankreich 1793/94 verbrachte Zeit (Forsters interessanter Bekanntenkreis dort, insbesondere der Kreis der polnischen Emigranten, wurde noch nicht speziell untersucht, die einzelnen Persönlichkeiten sind noch unbefriedigend in Monographien beleuchtet). Die Behandlung der Ästhetik Forsters, seiner Bildbetrachtung, seiner Urteile über Architektur und das zeitgenössische Theater steckt noch in den Anfängen. Eine Untersuchung der zahlreichen Rezensionen Forsters ist im Gange. Die weiteren Bände der Akademieausgabe, vor allem die Briefbände, werden ebenso wie Scheels weitere Bände über die Mainzer Republik (s.

Kap. II, 7) wertvolle Unterlagen bieten und neue Themen und Betrachtungsweisen initiieren.

Literatur:
(Die Anordnung folgt dem Gang von Kapitel V)

Anton *Hoffmann:* Darstellung der Mainzer Revolution... Frankfurt a. M./Leipzig. 12 Hefte 1793/94.

Peter Adolf *Winkopp:* Geschichte der frz. Eroberungen und Revolution am Rheinstrome vorzüglich in Hinsicht auf die Stadt Mainz. T. 1 Frankfurt a. M. 1794.

Bernhard Sebastian *Nau:* Geschichte der Deutschen in Frankreich und der Franzosen in Deutschland und den angrenzenden Ländern. Bd. 4 Frankfurt a. M. 1795.

Georg Friedrich *Rebmann:* Vollständige Geschichte meiner Verfolgungen und meiner Leiden. Amsterdam 1796.

J. N. *Becker:* Beschreibung meiner Reise in den Departementern vom Donnersberge, vom Rhein und von der Mosel im sechsten Jahr der Französischen Republik. Berlin 1799.

Christoph *Girtanner:* Historische Nachrichten u. politische Betrachtungen über die frz. Revolution. Bd. 10 Berlin 1795 u. Bd. 12 Berlin 1796.

Friedrich *Schlichtegroll:* Nekrolog der Deutschen. Jg. 1794 I S. 274 f., Jg. 1798 I S. 210.

Ehrenfried *Stöber:* Kurze Geschichte und Charakteristik der schönen Lit. d. Deutschen. Paris u. Straßburg 1826 S. 225 f.

Artikel ›Forster‹ in: Neues Rheinisches Conversations-Lexikon oder encyclopädisches Handwörterbuch für gebildete Stände. Hrsg. v. einer Gesellschaft rheinländischer Gelehrten. 5. Bd. 3. Aufl. Köln 1833 S. 133 f.

Heinrich *Heine:* Zur Geschichte der Religion und Philosophie in Deutschland. In: H. H. Sämtliche Werke. Hrsg. v. E. Elster. 4. Bd. Leipzig u. Wien [1893]. S. 279.

Wolfgang *Menzel:* Die dt. Literatur. 2. T. Stuttgart 1828; 2. Aufl. ebd. 1836 S. 181, 184 f.

Friedrich *Engels:* Brief an den Redakteur des »Northern Star«, veröffentlicht am 8. 11. 1845. In: F. E., Deutsche Zustände. Berlin 1952 S. 29 f.

[Johann Gottfried *Gruber?*]: Artikel ›Forster‹ in: Ersch/Gruber, Allgemeine Encyclopädie der Wissenschaften und Künste. 1. Sekt. T. 46 Leipzig 1847 S. 382–391.

Heinrich *Koenig:* Die Clubisten in Mainz. T. 1–3 Leipzig 1847.

Wilhelm *Stricker:* Johann Georg Forster. In: Eduard Duller. Die Männer des Volkes. Bd. 3 Frankfurt a. M. 1847 S. 183–234.

Gustav *Kühne:* Georg Forster. In: Dt. Männer und Frauen. Eine Galerie von Charakteren. Leipzig 1851 S. 123–160.

Heinrich *König:* Haus und Welt. Eine Lebensgeschichte. 2 Te. Braunschweig 1852. – Vorabdruck in: »Europa«, hg. von G. Kühne, Jg. 1852, S. 1.

Ludwig *Häusser:* Dt. Geschichte vom Tode Friedrichs des Großen bis zur Gründung des deutschen Bundes. T. 1 Leipzig 1854. S. 497–506.

Jacob *Moleschott:* Für meine Freunde. Lebens-Erinnerungen. Gießen 1894 S. 170 f.

Jacob *Moleschott:* Georg Forster, der Naturforscher des Volks. Frankfurt a. M. 1854, 2. verb. Aufl. Hamm 1862. Als Volksausgabe ebd. 1857, neue Volksausgabe Halle 1861 u. 1874.

Clemens Theodor *Perthes:* Politische Zustände und Personen in Deutschland zur Zeit der frz. Herrschaft. Bd. 1 Gotha 1861.

Heinrich *Kurz:* Geschichte der dt. Lit. Leipzig 1851 ff., hier zitiert nach der 4. Aufl. Leipzig 1865, Bd. 3, S. 672–676.

Hermann *Hettner:* Geschichte der dt. Lit. im 18. Jh. 4 Bde. Braunschweig 1862/70. Zitate nach der Neuausgabe der 3. Aufl. von 1879: 2 Bde. Berlin 1961, 2. Bd., S. 579–594.

Hermann *Hettner:* Die romantische Schule in ihrem Zusammenhang mit Goethe und Schiller. Braunschweig 1850. Zitiert nach dem Neudruck in: H. H. Schriften z. Literatur. Berlin 1959, S. 67.

Karl *Klein:* Geschichte von Mainz während der ersten frz. Occupation 1792–1793. Mainz 1861.

Karl *Klein:* »Zurückweisung der Tischrede Moleschott's, soweit sie den G. Forster betrifft«. Mainz 1862; *ders.:* »Georg Forster's letzte Handlungen in Mainz …, März 1793«. Mainz 1863.

Karl *Klein:* Georg Forster in Mainz 1788 bis 1793. Gotha 1863.

Karl Georg *Bockenheimer:* Zwei Sitzungen der Mainzer Clubisten vom 10. und 11. Jan. 1793. Mainz 1868; *ders.:* Georg Forster in Mainz. Mainz 1880; *ders.:* Die Mainzer Clubisten der Jahre 1792 und 1793. Mainz 1896.

Albert *Leitzmann:* Georg Forster, ein Bild aus dem Geistesleben des achtzehnten Jahrhunderts. Halle 1893.

Paul *Zincke:* Georg Forsters Bildnis im Wandel der Zeiten – s. S. 6.

Ernst *Götz:* Unser Urteil über Georg Forster, Quartalblätter des historischen Vereins für das Großherzogtum Hessen. N. F. 6, 1922. S. 134–144.

Ludwig *Bergsträßer:* Literarisches Zentralblatt für Deutschland (hrsg. v. Eduard Zarncke). 67. Jg. 1916 Sp. 260 (Sp. 406 f. Entgegnung Zinckes, Sp. 407 f. Erwiderung Bergsträßers).

Arthur *Chuquet:* Le Révolutionnaire George Forster. In: Etudes d'histoire. Série 1, Paris 1903 S. 147–288.

Kurt *Kersten:* Georg Forster (1754–1794). In: Die weißen Blätter. 6. Jg. Berlin 1919 S. 547–553.

Kurt *Kersten:* Ein europäischer Revolutionär. Georg Forster 1754–1794. Berlin 1921.

Georg Forster: Revolutionsbriefe. Ausg. u. eingel. v. Kurt *Kersten.* Berlin 1925. Malik-Bücherei Bd. 14.

Kurt *Kersten:* Georg Forster. In: Das Wort. Jg. 3 H. 2. Moskau 1938, S. 106–111. Dasselbe in: Heute und Morgen. Jg. 1948 H. 8 S. 551 f.

Kurt *Kersten:* Der Weltumsegler. Johann Georg Adam Forster, 1754–1794. Bern 1954. Dass.: Frankfurt a. M. 1958.

Albert *Leitzmann:* Georg und Therese Forster und die Brüder Humboldt. Urkunden und Umrisse.

Georg Forster. Das Abenteuer seines Lebens. Unter Wiedergabe vieler Briefe und Tagebücher erzählt. Ebenhausen u. Leipzig (1923). 278 S. (Die Bücher der Rose).

Anna *Siemsen:* Georg Forster. In: Literarische Streifzüge durch die Entwicklung der europäischen Gesellschaft. Jena 1925. S. 137–142. Zitiert nach der 2. Aufl. ebd. 1929. S. 119–123.

Ada *Schulz:* Georg Forster. Studie zur Quellengeschichte der Romantik. Phil. Diss. Köln 1930, Heppenheim 1932, 63 S.

Georg Forster. Ausgewählte Schriften. Hrsg. von R. *Leonhard.* Berlin (1929). 475 S.

Ewald *Banse:* Große Forschungsreisende. München 1933, S. 116–121.

Johann Georg Forster. Mensch und Staat. Eine Ausw. aus seinen Schriften in zwei Bdn. [Hrsg. von Otto Eugen Hasso Becker]. Berlin 1948. 318, 254 S.

Gerhard *Steiner* u. Manfred *Häckel:* Forster. Ein Lesebuch für unsere Zeit. Unter Mitarb. von Lu *Märten.* Weimar 1952; 21–24. Tsd. ebda 1954.

Hans-Jürgen *Geerdts:* Rheinische Ouvertüre. Ein Georg-Forster-Roman. Weimar 1954. 581 S.

Friedrich *Döppe:* Forster in Mainz. Roman. Berlin 1956. 465 S.

Helmuth *Miethke:* Bewegte Jahre. Eine historisch-biographische Erzählung über Georg Forster. Berlin [1957]. 148 S.

Friedrich M. *Thoma:* Georg Forster. Weltreisender, Forscher, Revolutionär. Berlin 1954. 195 S.

Helmuth *Miethke:* Georg Forster. Weltreisender, Schriftsteller und Revolutionär. Halle 1961. 87 S.

Walter *Grab:* Die Revolutionspropaganda der deutschen Jakobiner 1792/93. Archiv für Sozialgeschichte Bd. 9, 1969, S. 113–156; Eroberung oder Befreiung? Deutsche Jakobiner und die Franzosenherrschaft im Rheinland 1792–1799. Trier 1971. 94 S.

Wolf *Lepenies:* Eine vergessene Tradition der deutschen Anthropologie. Wiss. vom Menschen und Politik bei Georg Forster. In: Saeculum. Bd. 24 Jg. 1973. S. 50–78.

Georg Forster Válogatott irásai. Hrsg. v. László *Bodi.* Budapest 1953. 264 S.

Leslie *Bodi:* Georg Forster: The »Pacific expert« of eighteenth century Germany. Historical Studies Australia and New Zealand 8, 1957/59, Nr 32. 1959, S. 345–363.

A. I. *Herzen:* Werke in 30 Bdn. 2. Bd. Moskau 1954 S. 330.

K. S. *Anisimova:* Georg Forster – nemeckij prosvetitel' i revoljucioner. Učenye Zapiski, Kafetra vseobščej literatury 26, 1939, S. 101–115.

Nemeckie demokraty XVIII veka. Šubart, Forster, Zejme. Redakcija, vstupitel'nye stat'i i primečanija V[iktora] M[aksimovica] Zirmunskogo. Moskva.

G. S. *Slobodkin:* Georg Forster, wydajstschijoja nemeckij mysletel' i revoljucioner (1754–1794). Učenye Zapiski Sverdl. ped. in-ta, Obstschestvennye nauki, vyp. 14, 1957, S. 206–227.

F. I. *Prokaev:* Antivoennye motivy v tvorčestve Georga Forstera. Učenye Zapiski Kokandskogo ped. in-ta, Serija filolog., vyp. 4, 1965, S. 5–33.

A. V. *Gulyga:* Iz istorii nemeckogo materializma. Moskva 1962; dt. unter d. Titel: Der dt. Materialismus am Ausgang des 18. Jhs., Berlin 1966.

1. Personenregister

B = Buchhändler, Verleger, G = Geologe, Mineraloge, H = Historiker, J = Jurist, K = Kunstwiss., Künstler, L = Literaturwiss., M = Mediziner, N = Naturwiss., Naturforscher, O = Offizier, P = Politiker, Staatsmann, Ph = Philosoph, R = Reiseschriftsteller, S = Schriftsteller, Dichter, T = Theologe, W = Weltreisender, Z = Zeichner, Kupferstecher.

Die Lebensdaten der Verfasser von Sekundärliteratur sind nur ausnahmsweise angeführt. Verleger und Herausgeber der angeführten Literatur werden nicht verzeichnet.

2. Register der Arbeiten Forsters

a) Schriften

b) Reden

c) Übersetzungen

d) Periodica und Reihen

aa) Herausgeber oder Mitherausgeber

bb) Mitarbeiter

e) Briefe/Korrespondenz

f) Zeichnungen

M 44 Nagel *Hrotsvit von Gandersheim*
M 45 Lipsius *Von der Bestendigkeit. Faksimiledruck*
M 46 Hecht *Christian Reuter*
M 47 Steinmetz *Die Komödie der Aufklärung*
M 48 Stutz *Gotische Literaturdenkmäler*
M 49 Salzmann *Kurze Abhandlungen. Faksimiledruck*
M 50 Koopmann *Friedrich Schiller I: 1759–1794*
M 51 Koopmann *Friedrich Schiller II: 1794–1805*
M 52 Suppan *Volkslied*
M 53 Hain *Rätsel*
M 54 Huet *Traité de l'origine des romans. Faksimiledruck*
M 55 Röhrich *Sage*
M 56 Catholy *Fastnachtspiel*
M 57 Siegrist *Albrecht von Haller*
M 58 Durzak *Hermann Broch*
M 59 Behrmann *Einführung in die Analyse von Prosatexten*
M 60 Fehr *Jeremias Gotthelf*
M 61 Geiger *Reise eines Erdbewohners i. d. Mars. Faksimiledruck*
M 62 Pütz *Friedrich Nietzsche*
M 63 Böschenstein-Schäfer *Idylle*
M 64 Hoffmann *Altdeutsche Metrik*
M 65 Guthke *Gotthold Ephraim Lessing*
M 66 Leibfried *Fabel*
M 67 von See *Germanische Verskunst*
M 68 Kimpel *Der Roman der Aufklärung (1670–1774)*
M 69 Moritz *Andreas Hartknopf. Faksimiledruck*
M 70 Schlegel *Gespräch über die Poesie. Faksimiledruck*
M 71 Helmers *Wilhelm Raabe*
M 72 Düwel *Einführung in die Runenkunde*
M 73 Raabe *Einführung in die Quellenkunde*
M 74 Raabe *Quellenrepertorium*
M 75 Hoefert *Das Drama des Naturalismus*
M 76 Mannack *Andreas Gryphius*
M 77 Straßner *Schwank*
M 78 Schier *Saga*
M 79 Weber-Kellermann *Deutsche Volkskunde*
M 80 Kully *Johann Peter Hebel*
M 81 Jost *Literarischer Jugendstil*
M 82 Reichmann *Germanistische Lexikologie*
M 83 Haas *Essay*
M 84 Boeschenstein *Gottfried Keller*
M 85 Boerner *Tagebuch*
M 86 Sjölin *Einführung in das Friesische*

M 87 Sandkühler *Schelling*
M 88 Opitz *Jugendschriften. Faksimiledruck*
M 89 Behrmann *Einführung in die Analyse von Verstexten*
M 90 Winkler *Stefan George*
M 91 Schweikert *Jean Paul*
M 92 Hein *Ferdinand Raimund*
M 93 Barth *Literarisches Weimar. 16.–20. Jh.*
M 94 Könneker *Hans Sachs*
M 95 Sommer *Christoph Martin Wieland*
M 96 van Ingen *Philipp von Zesen*
M 97 Asmuth *Daniel Casper von Lohenstein*
M 98 Schulte-Sasse *Literarische Wertung*
M 99 Weydt *H. J. Chr. von Grimmelshausen*
M 100 Denecke *Jacob Grimm und sein Bruder Wilhelm*
M 101 Grothe *Anekdote*
M 102 Fehr *Conrad Ferdinand Meyer*
M 103 Sowinski *Lehrhafte Dichtung des Mittelalters*
M 104 Heike *Phonologie*
M 105 Prangel *Alfred Döblin*
M 106 Uecker *Germanische Heldensage*
M 107 Hoefert *Gerhart Hauptmann*
M 108 Werner *Phonemik des Deutschen*
M 109 Otto *Sprachgesellschaften des 17. Jahrh.*
M 110 Winkler *George-Kreis*
M 111 Orendel *Der Graue Rock (Faksimileausgabe)*
M 112 Schlawe *Neudeutsche Metrik*
M 113 Bender *Bodmer/Breitinger*
M 114 Jolles *Theodor Fontane*
M 115 Foltin *Franz Werfel*
M 116 Guthke *Das deutsche bürgerliche Trauerspiel*
M 117 Nägele *J. P. Jacobsen*
M 118 Schiller *Anthologie auf das Jahr 1782 (Faksimileausgabe)*
M 119 Hoffmeister *Petrarkistische Lyrik*
M 120 Soudek *Meister Eckhart*
M 121 Hocks/Schmidt *Lit. u. polit. Zeitschriften 1789–1805*
M 122 Vinçon *Theodor Storm*
M 123 Buntz *Die deutsche Alexanderdichtung des Mittelalters*
M 124 Saas *Georg Trakl*
M 126 Klopstock *Oden und Elegien (Faksimileausgabe)*
M 127 Biesterfeld *Die literarische Utopie*
M 128 Meid *Barockroman*
M 129 King *Literarische Zeitschriften 1945–1970*
M 130 Petzoldt *Bänkelsang*